AF690484

क़िताल-ए-ख़ामोशी

लेखक:

एच.एम.अख्तर

(हम्माद मोहम्मद अख्तर)

Copyright © Hammad Mohammad Akhtar
All Rights Reserved.

This book has been self-published with all reasonable efforts taken to make the material error-free by the author. No part of this book shall be used, reproduced in any manner whatsoever without written permission from the author, except in the case of brief quotations embodied in critical articles and reviews.

The Author of this book is solely responsible and liable for its content including but not limited to the views, representations, descriptions, statements, information, opinions and references ["Content"]. The Content of this book shall not constitute or be construed or deemed to reflect the opinion or expression of the Publisher or Editor. Neither the Publisher nor Editor endorse or approve the Content of this book or guarantee the reliability, accuracy or completeness of the Content published herein and do not make any representations or warranties of any kind, express or implied, including but not limited to the implied warranties of merchantability, fitness for a particular purpose. The Publisher and Editor shall not be liable whatsoever for any errors, omissions, whether such errors or omissions result from negligence, accident, or any other cause or claims for loss or damages of any kind, including without limitation, indirect or consequential loss or damage arising out of use, inability to use, or about the reliability, accuracy or sufficiency of the information contained in this book.

Made with ♥ on the Notion Press Platform
www.notionpress.com

सियाक़-ओ-सबाक़

क़िताल-ए-ख़ामोशी कोई अचानक पैदा हुआ ख़याल नहीं, न ही किसी लम्हाती जज़्बात की तहरीर। यह उन हालात की पैदाइश है जहाँ आवाज़ें बहुत थीं, मगर हक़ीक़त कम बोलने वाले बेशुमार थे, मगर सुनने वाले कम। सवाल मौजूद थे, मगर ज़वाब शोर में गुम हो जाते थे।

यह किताब उस दौर का बयान है जब सच कहना बहादुरी से ज़्यादा ख़तरा बन गया था। जहाँ सही होना काफ़ी नहीं, बल्कि सही दिखाई देना ज्यादा अहम ठहराया जाता था। ऐसे माहौल में ख़ामोशी बुज़दिली नहीं रही, बल्कि एक मुकम्मल अंदाज़-ए-मुक़ाबला बन गई।

क़िताल-ए-ख़ामोशी सिर्फ़ ज़मीर की जंग नहीं, बल्कि इश्क़ की जंग भी है। वह इश्क़ जिसमें वफ़ा है, मेहनत है, सब्र है। और कभी-कभी आख़िर में ख़सारा भी। जहाँ इंसान जीतने के लिए नहीं, निभाने के लिए लड़ता है। जहाँ जवाब देने की कुदरत होते हुए भी चुप रह जाना, मोहब्बत का सबसे सच्चा इज़हार बन जाता है।

यह बाब उसी ज़ेहनी और मुआशरती पसमंजर को वाज़ेह करता है जिसमें ये अशआर तख़्लीक़ हुए। यहाँ न इल्ज़ाम है, न इन्तिक़ाम बस उस ख़ामोशी का हिसाब है जो अरसे तक दिल में पलती रही और आख़िरकार अल्फ़ाज़ बन गई।

क़िताल-ए-ख़ामोशी का सियाक़-ओ-सबाक़ वही है
जहाँ जंग मैदानों में नहीं, सीने के अंदर लड़ी जाती है,
और जहाँ आख़िरकार ख़ामोशी ही सबसे बुलंद बयान साबित होती है।

दीबाचा

क़िताल-ए-ख़ामोशी उस ख़ामोशी का बयान है जो हर वक़्त कमज़ोरी नहीं होती बल्कि बाज़ औक़ात सबसे ख़तरनाक जवाब बन जाती है, यह उन जज़्बात की आवाज़ है जो लबों तक आकर भी लौट गए, उन सवालों की दहाड़ है जिन्हें दौर-ए-शोर में दबा दिया गया, जहाँ शोर ही शिनाख़्त बना बैठा है और सुकूत को इल्ज़ाम ठहरा दिया गया है।

यह किताब उन लम्हों की गवाही है जहाँ अल्फ़ाज़ तलवार नहीं बल्कि ज़ख़्म बनते हैं, जहाँ हर शेर किसी पर ग़ालिब आने या ख़ुद को साबित करने के लिए नहीं बल्कि उस हक़ीक़त का इज़हार है जो ख़ामोशी के ज़ख़्म के ख़ून से तहरीर हुई है, और जहाँ इंसान अपने ही अंदर ज़मीर और मसलहत, सच और ख़ौफ़ के दरमियान रोज़ एक अनदेखी जंग लड़ता है।

यह सिर्फ़ सियासत, ज़मीर और ख़यानत की जंग का बयान नहीं बल्कि मोहब्बत की जंग भी है, जहाँ किसी को पाने के लिए संघर्ष किया जाता है, हालात से टकराया जाता है, अपने डर से लड़ा जाता है, और अक्सर वही रास्ते जिन पर चलकर प्यार को पाया जाता है उन्हीं संघर्षों की गर्द में एक दिन उसी प्यार को खो देने का मंज़र भी छिपा होता है।

इस किताब का मक़सद किसी मज़हब, क़ौम, बिरादरी, जात या सियासत से जुड़े किसी भी शख़्स की दिल-आज़ारी नहीं बल्कि एहसास की पैरवी है, इसलिए अगर कोई तल्ख़ लफ्ज़ महसूस हो तो उसे इज़हार-ए-दर्द समझा जाए इल्ज़ाम नहीं, और अगर ये अशआर आपको बेचैन कर दें या आपको ख़ामोश होकर ठहरने पर मजबूर कर दें तो यक़ीन मानिए यहीं से इस किताब की असली फ़तह शुरू होती है।

ख़ामोशी-एक मुक़द्दमा

ख़ामोशी को अक्सर कमज़ोरी समझा गया, मगर हर दौर में कुछ ख़ामोशियाँ ऐसी भी रहीं जो पूरे शोर पर भारी पड़ीं। क़िताल-ए-ख़ामोशी में ख़ामोशी कोई फ़रार नहीं, बल्कि एक मुक़द्दमा है ऐसा मुक़द्दमा जो ज़बान से नहीं, ज़मीर से लड़ा जाता है।

यह वह ख़ामोशी है जो ख़ौफ़ से पैदा नहीं होती, बल्कि फ़हम से जन्म लेती है। जब इंसान देख लेता है कि सच सुनने के लिए कान मौजूद नहीं, और हक़ क़बूल करने के लिए दिल तैयार नहीं, तब वह बहस नहीं करता वह ख़ामोशी इख़्तियार कर लेता है। यही ख़ामोशी इस किताब का असल सबूत है।

इस मुक़द्दमे में न कोई वकील है, न कोई गवाह। यहाँ सवाल भी ख़ुद ही उठते हैं और जवाब भी ख़ुद ही तय होते हैं। इंसान का ज़मीर ही अदालत है, और इंसान ख़ुद ही अपने ख़िलाफ़ और अपने हक़ में खड़ा होता है। क़िताल-ए-ख़ामोशी उसी अदालत की कार्रवाई है।

यह बाब उन लम्हों की शिनाख़्त करता है जहाँ बोलना राहत नहीं, बल्कि बोझ बन जाता है जहाँ अल्फ़ाज़ रिश्ते तोड़ देते हैं और ख़ामोशी उन्हें बचा लेती है जहाँ जवाब देना नफ़्स की जीत होता है, और चुप रहना वक़ार की हिफ़ाज़त।

क़िताल-ए-ख़ामोशी किसी अदालत से इंसाफ़ की दरख़्वास्त नहीं करती, क्योंकि यह इंसाफ़ की तलबगार नहीं यह इंसाफ़ की याददाश्त है। यह याद दिलाती है कि हर सच का एलान ज़रूरी नहीं, और हर इल्ज़ाम का जवाब देना भी फ़र्ज़ नहीं।

ख़ामोशी का यह मुक़द्दमा कभी मुकम्मल नहीं होता। यह हर दौर में नए सवालों के साथ दोबारा खुलता है, और हर पढ़ने वाला अपनी हैसियत के मुताबिक़ अपना फ़ैसला ख़ुद तहरीर कर देता है।

ज़मीर की अदालत

जब बाहर की अदालतें शोर से भर जाती हैं, तब इंसान के अंदर एक ख़ामोश अदालत क़ायम हो जाती है। इस अदालत में न कोई तारीख़ मुक़र्रर होती है, न कोई पेशी लगती है न वकील होता है, न जज। यहाँ फ़ैसला आवाज़ से नहीं, एहसास से सुनाया जाता है। क़िताल-ए-ख़ामोशी उसी दरबार-ए-ज़मीर की रूदाद है।

ज़मीर की अदालत में हर शख़्स तनहा पेश होता है। न कोई भीड़ साथ होती है, न कोई ताली बजाने वाला। यहाँ नफ़्स अपनी सफ़ाई पेश करता है और अक़्ल जिरह करती है। हर लफ़्ज़ का वज़न तौला जाता है, हर ख़ामोशी का हिसाब रखा जाता है। इस मुक़दमे की सबसे कठिन गवाही वही होती है जो इंसान को अपने ही ख़िलाफ़ देनी पड़ती है।

यह बाब उस लम्हे को दर्ज करता है जब इंसान समझ लेता है कि कुछ जंगें बाहर जीत कर भी अंदर हारी जाती हैं कि सही साबित होना कम अहम है और सही रहना ज़्यादा ज़रूरी। ऐसे वक़्त में ज़मीर का हुक्म साफ़ सुनाई देता है ख़ामोशी।

क़िताल-ए-ख़ामोशी यह भी बताती है कि इस अदालत में कोई पूरी तरह बरी नहीं होता। हर कोई कुछ न कुछ एतराफ़ करने आता है कोई अपनी जल्दबाज़ी का, कोई अपनी सख़्ती का, कोई अपनी ज़्यादती का। यहाँ का इंसाफ़ सज़ा से ज्यादा फ़हम अता करता है, और फ़ैसला सख़्ती से ज्यादा सुधर की राह दिखाता है।

यहाँ जीत उसी की होती है जो अपने अहंकार को पीछे छोड़ सके जो यह मान ले कि हर जवाब देना फ़र्ज़ नहीं, और हर सवाल उठाना भी हिकमत नहीं। ज़मीर की अदालत चुप रहना नहीं सिखाती, बल्कि सही वक़्त पर चुप रहना सिखाती है।

यही अदालत क़िताल-ए-ख़ामोशी की बुनियाद है।
यहाँ फ़ैसले लिखे नहीं जाते महसूस किए जाते हैं।
और यही महसूसात इस किताब का सबसे सच्चा बयान हैं।

मज़ामीन-ए-किताब

ख़ामोशी का शोर

कोई मर्ज नहीं है ऐसा जिसको तुम्से छुपाया जाए,
इल्म-ए-नब्ज़ रखने वालो तुम्को क्या बताया जाए।

इत्तेफाकन बुज़ुर्गों के पैताने से सलीक़ा उठा कर हम,
सिखा रहे है, बन्दूक को कैसे कलम से गिराया जाए।

अंदाज़-ए-गुफ्तगू जिनका आला है, दौलतमंदों में,
वही मिस्कीनों के निवालों पर ख़ादिम बने बैठे हैं।

बेच के आए हैं अपना ज़मीर तक जो ऊँचे दामों में,
हम्माद, वही इस्मत-ए-कुबरा के ज़ामिन बने बैठे हैं।

क़ीमती आवाज़ें हैं, मगर कानों तक आती नहीं,
वो सिर्फ एक चुप है, जो जेहन से जाती नहीं।

एहतिरामन सब बातों का जवाब दे दूँ मगर,
अपनी शख्सियत से फिर, खुशबू आती नहीं।

---

1. मर्ज़ = बीमारी 2. इल्म-ए-नब्ज़ = नब्ज़ पहचानने का ज्ञान / हालात समझने की समझ 3. इत्तेफ़ाकन = संयोगवश
4. पैताना = चरणों के पास की जगह 5. सलीका = तरीका / ढंग

1. अंदाज़-ए-गुफ़्तगू = बोलने का अंदाज़ 2. आला = श्रेष्ठ / ऊँचा 3. मिस्कीन = गरीब
4. निवाला = कौर 5. ख़ादिम = सेवक 6. ज़मीर = अंतरात्मा 7. इस्मत-ए-कुबरा = उच्च पवित्रता / महान मर्यादा
8. ज़ामिन = गारंटी देने वाला / जिम्मेदार

1. जेहन = मन / मस्तिष्क 2. एहतियातन = सावधानीवश 3. शख़्सियत = व्यक्तित्व

ख़ामोशी का शोर

वो खामोशी थी जिसका शोर आज तक मशहूर है,
जानता हूँ वो हमारे नाम को गिराने में मजबूर है।

बड़ी छोटी सी बात पर वो शख़्स जंग का इरादा कर बैठा,
मैं समझ रहा था कि बात कोई बहुत बड़ी ज़रूर है।

मैदान में इल्ज़ामों की तलवार लिए मेरे मुक़ाबिल था,
थूक दी खामोशी तलवार पर वो आज तक जंग से दूर है।

मैं अपने आप में उलझ कर गिरूँगा,
जाइए आप मुझे क्या ही गिराएँगे।

मैं आपसे ज़्यादा ख़ुद का दुश्मन हूँ,
मेरी जैसी दुश्मनी कहाँ से लाएँगे।

बातें नहीं, कुछ इल्ज़ाम हैं तो लगाओ,
न लगाया तो आप ख़सारे में मर जाएँगे।

1. मशहूर = प्रसिद्ध 2. मजबूर = विवश 3. शख़्स = व्यक्ति 4. जंग = लड़ाई
5. इल्ज़ाम = आरोप 6. मुक़ाबिल = सामने / प्रतिद्वंद्वी

04

“ मिज़ाज से मेरे ये ज़माना नहीं मिलता,
जाना नहीं हो तो बहाना नहीं मिलता।

भटकों को जब भी सहारा दिया हमने,
फिर ख़ुदका हमें ठिकाना नहीं मिलता।

वो करके गया ख्यानत मेरी वसूल में फिर,
कह रहा ये शख्स दोबारा नहीं मिलता। ”

1. मिज़ाज = स्वभाव 2. ज़माना = दौर / दुनिया 3. ठिकाना = आसरा / स्थान 4. वसूल = उसूल / सिद्धांत
5. शख़्स = व्यक्तिख़ 6. यानत = विश्वासघात / बेईमानी

ख़ामोशी का शोर

नाज़िल हुई नदामत अल्फ़ाज़ है चुप,
इतनी हुई जलालत अहसास भी चुप,

अय्याम-ए-ख़ल्वत थी क़ातिल-ए-रानाई,
उस रात सब झिंगूर की आवाज़ भी चुप,

ज़र्बत हासिल वहां से सुकून था जहाँ पे,
ख़ौफ़नाक ख़लिश और आंखें भी चुप,

नज़ाकत हक़ारत-ए-आशनाई का गुमान,
फ़रामोश चीखें और सब हकिकात भी चुप,

निशानी-ए-इबरत बनी अज़ाब-ए-सदाक़त,
हज़ारों थे सवाल जद में मगर जवाब भी चुप।

"नाअहलों के बोहतान पर मेरी नज़रअंदाज़ी, आरी है,
उनकी नस्लों की दलील पर सिर्फ मेरी ख़ामोशी भारी है।"

1. नाज़िल = उतरी हुई 2. नदामत = पछतावा / पश्चाताप 3. जलालत = अपमान 4. अय्याम-ए-ख़ल्वत = तन्हाई के दिन
5. क़ातिल-ए-रानाई = हुस्न को मिटाने वाला 6. ज़र्बत = चोट / प्रहार 7. ख़लिश = टीस / अंदरूनी दर्द
8. हक़ारत-ए-आशनाई = रिश्ते की तौहीन 9. फ़रामोश = भुला दिया गया 10. हकिकात = सच्चाइयाँ
11. निशानी-ए-इबरत = सबक़ की निशानी 12. अज़ाब-ए-सदाक़त = सच्चाई की सज़ा 13. जद में = घेरे में

1. नाअहलों = अयोग्य लोग 2. बोहतान = झूठा इल्ज़ाम 3. नज़रअंदाज़ी = अनदेखी 4. नस्ल = वंश / पीढ 5. दलील = तर्क

ज़माने में दौलत इतनी ज़रूरी होती है,
जैसे बिना ख़ुदा की इबादत अधूरी होती है।

ख़ास से ख़ास नेमतों में फ़ंगस लग जाता है हम्माद,
जब ज़िंदगी की ख़्वाहिश में मौत से दूरी होती है।

मांग लो मुझसे इज़्ज़त मगर मैं किरदार देने वाला नहीं,
हो जाओ सारे मुख़ालिफ़ साथ, मेरा कुछ बिगड़ने वाला नहीं।

इतना नाम बनाओ पहले कि बदनामी में बादशाह करे,
इन ज़िर्ग-ए-दरबारीयों से मेरा लोहा पिघलने वाला नहीं।

है याराना मेरा दुनिया के बड़े बड़े दरवेशों के साथ,
दुआ से शायद हासिल हो, जंग से मेरा नाम हिलने वाला नहीं।

मेरी शफ़ों में खड़े लोग में सादिक़ीन से ज़्यादा मुनाफ़िक़ हैं,
आज तक मुकम्मल मेरे न हो सके, तुम्हे कुछ मिलने वाला नहीं।

हर ज़ख़्म जो तुम्हें पता है मेरा, वो फैलायी अफ़वाह है मेरी,
हम्माद दरख़्त की शाख़ से कभी कुल्हाड़ी चलाने वाला नहीं।

1. दौलत = धन 2. इबादत = उपासना 3. नेमतें = कृपाएँ / रहमतें 4. ख़्वाहिश = इच्छा

1. इज़्ज़त = सम्मान 2. किरदार = चरित्र 3. मुख़ालिफ़ = विरोधी 4. बादशाह = राजा 5. दलील = तर्क
. दरबारी = राजा के दरबार का व्यक्ति 7. याराना = मित्रता 8. दरवेश = फ़कीर / संत 9. हासिल = प्राप्त 10. शफ़ों = कतारें
11. सादिक़ीन = सच्चे लोग 12. मुनाफ़िक़ = कपटी 13. मुकम्मल = पूरा 14. अफ़वाह = झूठी खबर

ख़ामोशी का शोर

दरवेशों को इस मुल्क मे, जब-जब किसी ने आज़माया है,
देख़ा भी है सभी ने कासों में उनके सारा दरिया समाया है।

अजीब ज़ेहन में फ़ितूर आज हर अज़ीज़ों ने बसाया है,
गफलत में दरवेश को इन लाइल्मों ने ग़रीबों में मिलाया है।

बादशाहों के तख़्त के मोहताज दुनियावी हसरत के असीर हैं,
जानते हैं दरवेशों ने अपनी ठोकर से कई बादशाह बनाया है।

लिबासों में पैवंद लगे होते हैं उनके और हाथों में कासे होते हैं,
दुनियावी इल्म दम तोड़ती है जहाँ, वहीं पर वो ज़ाहिर होते हैं।

हमसे तो नहीं सँभल पाती अपनी ख़ुद की ज़िंदगी हम्माद,
और बराबरी दरवेशों की, जो हाथ उठा कर तूफ़ान रोक देते हैं।

1. दरवेश = फ़कीर / संत 2. कासे = कटोरे 3. ज़ेहन = दिमाग 4. फ़ितूर = वहम / सनक 5. अज़ीज़ = प्रिय लोग
6. गफलत = लापरवाही 7. लाइल्म = अज्ञानी 8. मोहताज = निर्भर 9. हसरत = तीव्र इच्छा 10. असीर = क़ैद
11. लिबास = वस्त्र 12. पैवंद = रफ़ू / टांका 13. ज़ाहिर = प्रकट

हम सदा-ए-हक़ के पैरोकार हैं, हम कमज़र्फ नहीं होते,
दस्तारों में मिल जाएंगे, मगर हमसे ताज के मातम नहीं होते।

हमारी गल्लाबानी तुम्हारी जागीरों की बिसात पर भारी है,
नहीं थें राज़ी तुम्हारी बैअत पर, जाओ अब एकदम नहीं होते।

जंग हक़ की लड़ रहे थे, मैदान में ये अपने क्यूँ दिख रहे हैं,
हम्माद! तुम दौर-ए-तनासुब में हर किसी को हज़म नहीं होते।

फ़ितरतन ज़ख़्म की तासीर जलानी नहीं होती,
बतना ये होता है कि ठोकरें दोहरानी नहीं होती।

खरोंचे कोई अगरचे, निशानी बाकी रहती ताउम्र,
मरहमों से कभी कोई ज़ख़्म मवादी नहीं होती।

1. सदा-ए-हक़ = सत्य की आवाज़ 2. पैरोकार = समर्थक 3. कमज़र्फ = छोटी सोच वाला 4. दस्तार = पगड़ी 5. मातम = शोक 6. गल्लाबानी = बुलंद आवाज़ 7. जागीर = संपत्ति 8. बिसात = आधार 9. बैअत = निष्ठा की शपथ 10. दौर-ए-तनासुब = असंतुलन का दौर

लापता मयार

तालीम कहाँ बची अब किसी किताब में,
जब बेच आए हम अपना इल्म कबाड़ में।

राब्ता तकनीकियों का हो गया हमारा,
तकनीकियाँ जो ख़ल्क़ हुई थीं किताब में।

पत्तों को छोड़कर पन्नों पर खाने लगे हम,
और सच देखने की हसरत है अख़बार में।

अपने दहर की रौशनाई बनाने में,
साबित हुए ग़लत हम कमाई बनाने में।

जौक़-ए-दवात की तल्लियां सूखी रहीं,
फ़रोख़्त की कलम माहौल बनाने में।

नही हुआ हासिल वो जिसका शौक़ था,
बिनाई गई अलग किसी की राह बनाने में।

साँसें मेरी गिनती रहीं हर वक़्त मेरे अज़ाब,
और फ़न ग़ुलाम हो गया दरबार बनाने में।

1. तालीम = शिक्षा 2. इल्म = ज्ञान 3. कबाड़ = रद्दी / बेकार सामान 4. राब्ता = संबंध / जुड़ाव
5. ख़ल्क़ = पैदा की गई 6. हसरत = तीव्र इच्छा

1. दहर = समय / युग 2. रौशनाई = स्याही 3. जौक़-ए-दवात = दवात का शौक़ / लिखने का ज़ौक़ 4. तल्लियां = तहें / गहराई
5. फ़रोख़्त = बेच देना 6. हासिल = प्राप्त 7. अज़ाब = यातना / कष्ट 8. फ़न = कला

मेरा चिराग अपनी ही आग से जल गया,
महँगी रही ज़मीन, घर सस्ता निकल गया।

हर तमाशे का किरदार मक़बूल हो चला,
नवीस-ए-तमाशा सियाहियों में फिसल गया।

किया अहद हरगिज़ नहीं बख्शूँ सौदागरो को,
वो अच्छी कलम लाया खतिब फिर पिघल गया।

गुरूर नहीं मेरे वजूद का तमाशा बना था,
ख़ाक हुई मेरी शिफ्कत वो नफ़िल पढ़ा था।

अपंग नस्ल का मुसलसल सिलसिला रहा है,
मुखबिरी से जिनके घर का चूल्हा जला था।

नफ़िल अदा हुई थी किसी की बर्बादी के लिए,
क़ज़ा हो गई फर्ज़ जो उसने मस्जिद में पढ़ा था।

1. मक़बूल = लोकप्रिय / स्वीकार्य 2. नवीस = लिखने वाला 3. सियाही = काली स्याही / अँधेरा 4. अहद = वचन 5. हरगिज़ = कभी नहीं 6. खतिब = वक्ता

1. वजूद = अस्तित्व 2. शिफ्कत = दया / स्नेह 3. नफ़िल = वैकल्पिक इबादत 4. मुसलसल = लगातार 5. मुखबिरी = चुगली / ख़बर देना 6. क़ज़ा = छूट जाना 7. फर्ज़ = अनिवार्य कर्तव्य

"है उनको परवरिशों का तक़ाज़ा, उनके खास लिबासों से दाग़ नहीं छुपाए जाएँगे।
मफ़रूर-ए-ईमान की कसमें भी खोखली, वो वफा भी करे तो सब मारे जाएँगे।"

वो सारे गलीज़ कैसे दामन के पाक हो गए,
सब नजासत-ए-ज़ेहन आज के वक़्त सलाहकार हो गए।

वो राह-ए-हक़ बता रहे जो ख़ुद फ़ितने से पैदा हुए,
शेर बताने वाले ख़ुद को मिले हमसे तो सियार हो गए।

हरगिज़ नहीं है ग़लती उनकी इस बात को मानता हूँ मैं,
मिले आप जैसी अवाम, तो कमज़र्फ़ भी शानदार हो गए।

नए-नए रिश्तों की नज़र में बड़ी ऊँची नाक वाले हैं,
सामने पड़ गया पुराना यार, एकदम कैसे मक्कार हो गए।

बड़ी इज़्ज़त का पिटारा लिए गली-गली घूमने वाले,
हम्माद बस एक लड़की गुज़री, सारे बद-क़िरदार हो गए।

1. तक़ाज़ा = मांग / दबाव 2. मफ़रूर-ए-ईमान = ईमान से भागा हुआ 3. वफ़ा = निष्ठा

1. गलीज़ = गंदा 2. दामन = दुपट्टा / चरित्र 3. नजासत-ए-ज़ेहन = गंदी सोच 4. राह-ए-हक़ = सच्चाई का रास्ता
5. फ़ितना = उपद्रव / भ्रम 6. अवाम = जनता 7. मक्कार = धोखेबाज़ 8. बद-क़िरदार = बुरा चरित्र

अगर शीशों में पड़ जाए दरार, तो फिर वहां चेहरा कौन देखता है,
करो सितम हद से निकल कर, अगर पैसा है तो फिर क़िरदार कौन देखता है।

तुम्हारी गलियों को मज़ाक कहा जाएगा और जूते को ताज कहा जाएगा,
अगर हराम की भी हो दौलत हम्माद, फिर यहां जात कौन देखता है।

हज़ारों झूठों के सैलाब में अपना सच बताते-बताते रह गए,
ग़िज़ा में ढूँढ रहे हैं ज़िंदगी हम हवा बताते-बताते रह गए।

फ़क्र है तराश के ज़मीन को निकाल लाया है वो अपनी अना,
हम कमज़रफ़ को तल्ख़ ईमान की वबा बताते-बताते रह गए।

1. सितम = अत्याचार 2. क़िरदार = चरित्र 3. हराम = अवैध

1. सैलाब = बाढ़ 2. ग़िज़ा = भोजन 3. फ़क्र = गर्व 4. अना = अहंकार
5. तल्ख़ = कड़वा 6. वबा = महामारी

अदब नहीं आता आज तक कभी ज़ुबान पर,
अगर नकल खड़ी हो भले आसमान पर।

हाथ पहुँच जाते हैं अपने-आप पेशानी तक,
जब कोई असल खड़ा हो भले दरबान पर।

झूठी इज़्ज़त के तलबगारों का बड़ा मक़ाम है,
मुनाफ़िक़ लिखा हुआ है जिनके गिरेबान पर।

भेड़ों के झुंड की तरह बैत हो रही है उनकी,
जिनके नाम चलते हैं शराबों की हर दुकान पर।

उम्मीद लगा कर बैठा है ज़माना उनसे इल्म की,
गिद्ध की तरह नज़र है जिसकी हमारी जान पर।

कच्चा घरौंदा ढा कर पक्का मकान देगा वो,
जो मुल्क के काग़ज़ात लेके गया है गैर दिवान पर।

---

1. अदब = सम्मान 2. तलबगार = चाहने वाला 3. मक़ाम = स्थान / दर्जा 4. गिरेबान = कॉलर / सीना
5. इल्म = ज्ञान 6. दिवान = कार्यालय / दरबार

लापता मयार

बेशक मेरी चुप को मेरी कमजोरी शुमार करो,
बे-खौफ़ होकर अपनी नस्ल का इज़हार करो।

सिर्फ इनसे-उनसे मेरी मुख़बरी करना छोड़ो,
लगाओ इल्ज़ाम मेरे ज़र्फ़ का कारोबार करो।

मुनाफ़े में मेरा किरदार कमाओ एक बार सही,
नहीं कमा सको तो फिर ये काम कई बार करो।

कहीं थक न जाना वर्ज़िश-ए-मुनाफ़िक़ी में तुम,
मुनाफ़िक़्त बहुत आसान है कोशिश और करो।

हाथ में लगेगी ज़रूर लज़्ज़त-ए-हराम एक दिन,
ख़ुदा से तुमको क्या काम, तलब-ए-सक्क़ार करो।

"बनाओ मज़ाक मेरी ग़ुरबत का, मगर हमारे किरदार तक नहीं पहुँच पाओगे।
हराम की दौलत से क़लम छीन सकते हो, मगर हमारा इल्म कहाँ से लाओगे।"

1. शुमार = गिनना / मानना 2. इज़हार = प्रकट करना 3. ज़र्फ़ = क़ाबिलियत / स्तर
4. वर्ज़िश = अभ्यास 5. मुनाफ़िक़ी = कपट 6. लज़्ज़त-ए-हराम = अवैध सुख 7. तलब = चाह

1. ग़ुरबत = गरीबी 2. दौलत = धन 3. क़लम = लेखनी 4. इल्म = ज्ञान

सियासत, मज़हब और अवाम

सियासत, मज़हब और अवाम

बहुत सुन लिया तुम्हारी ख़ुदपरस्ती, यही बात कम थोड़ी है,
आपने देखी हैं अभी बिकी कलम, वो मेरा ज़मीर थोड़ी है।

हर बात पे आपकी रज़ामंदी मेरे ज़र्फ़ की मुख़ालिफ़त है,
बस जनाब आप एक फ़रोख़्त ग़ुलाम है, कोई सफ़ीर थोड़ी हैं।

वो कह रहा है बाँटने को पहले, बाद में लिखा काटने को,
हर फिक्रमंद जानतें हैं वो फितना है, वाकई वज़ीर थोड़ी है।

ज़हीनों की चुप और इल्म की ग़ुरबत से सियासत का शिराज़ा बिखर गया,
मैं भी फिर सनद-ए-क़ाबिलियत पर थूक कर सारी सियासत से निकल गया।

अब हैरत कैसी तुमको, जब खाने लगा वो मुल्क की मक्बूल धरोहर सारी,
हमने की थी बगावत, आप के सामने वो हमको गददार कह कर निकल गया।

1. ख़ुदपरस्ती = आत्ममोह 2. ज़मीर = अंतरात्मा 3. रज़ामंदी = सहमति 4. ज़र्फ़ = स्तर / क़ाबिलियत
5. मुख़ालिफ़त = विरोध 6. फ़रोख़्त = बिकाऊ 7. सफ़ीर = दूत 8. फिक्रमंद = चिंतित व्यक्ति
9. फितना = उपद्रव 10. वज़ीर = मंत्री

1. ज़हीन = बुद्धिमान 2. इल्म = ज्ञान 3. ग़ुरबत = अभाव 4. शिराज़ा = ढाँचा 5. सनद-ए-क़ाबिलियत = योग्यता प्रमाण
6. मक्बूल = प्रसिद्ध 7. बगावत = विद्रोह 8. गददार = देशद्रोही

ये तुम्हारी पेशानी पर, लकीरों का कमाल कैसा,
है तुम्हारी समझ से जो बाहर, उस पर सवाल कैसा।

तदफ़ीनी किरदारी पर अमल-ए-सदाक़त हराम है,
तुम तक नहीं पहुँचीं सदाक़त, तो तुमको मलाल कैसा।

कमज़र्फ़ दरबार में दरबारी करते हैं, मगर इनको ज़ेहनी अमान नहीं,
हमको न बताओ उनके रुतबे और शोहरत, हमें उनसे कुछ काम नहीं।

नविस-ए-मयारियों को मत मिलाओ, कमज़र्फ़ सियासत के असीरों से,
हम्माद ग़ुरबत में हमने ज़मीन फ़रोख़्त की थी, क़लम और ईमान नहीं।

1. पेशानी = माथा 2. तदफ़ीनी = दफन करने वाला 3. अमल-ए-सदाक़त = सच्चाई पर अमल
4. सदाक़त = सच्चाई 5. मलाल = अफ़सोस

1. कमज़र्फ़ = छोटी सोच वाला 2. ज़ेहनी अमान = मानसिक सुरक्षा 3. रुतबा = पद
4. शोहरत = प्रसिद्धि 5. नविस = लेखक 6. असीर = क़ैदी 7. फ़रोख़्त = बेची

सियासत, मज़हब और अवाम

सियासी बेड़ियाँ जकड़ रही हैं आज, परिंद-ए-वतन की उड़ान को,
साहिब-ए-मसनद खुद आग़ लगा रहे मुल्क के, चैन-ओ-आमन को।

वो मंसूबा रखते हैं अदंर, संविधान के हर पन्ने को जलाने का हम्माद,
मुनाफ़िकी मजबुरी में मनाते है बेचारे कैसे-कैसे, यौम-ए-संविधान को।

ज़माने के हालात देखो जैसे कहीं, तपती रेत पर साँप को देखो।
हक़ कब का खुल गया, मगर झूठ बोलने वालों का अंदाज़ तो देखो।

जलते हुए चराग़ों में तेल डालने वाले हाथों को तो देख रहे हो,
हम्माद, बेज़ुबान जलते चराग़ों में झोकी राख कीसने, राख लगे हाथ तो देखो।

1. साहिब-ए-मसनद = सत्ता पर बैठा व्यक्ति 2. चैन-ओ-अमन = शांति 3. मंसूबा = योजना
4. मुनाफ़िकी = कपट 5. यौम = दिन

1. हक़ = सत्य 2. चराग़ = दीपक

सियासत, मज़हब और अवाम

तदफ़ीनी क़िरदार के सरपरस्त, कैसे आलम-ए-बर्जख में जाएँगे,
माज़ी के क़िस्से उठा देखो, बिना समझाए आप समझ जाएँगे।

यहूद-ओ-अंग्रेज़ हर एक मुशाबिहत रखतें हैं यहां विभीषण से,
डर उनमें उतरता हैं एक बात से, कहीं हिंदू-मुस्लिम मिल न जाएँगे।

ख़ुदा को हाजिर नाज़िर मान के इनकी बुनियादी अस्ल बता दूँ,
नहीं माने अगर नसीहत तो ये बिना लड़े हमसे जीत भी जाएँगे।

अब नसीहत नहीं मयारी फ़त्कार लगाता हूँ ए ख़ला के बेटों,
दिया साथ, तो बैतुल-मुक़द्दस के साथ कैलास भी छीन कर लाएँगे।

1. सरपरस्त = संरक्षण देने वाला 2. आलम-ए-बर्जख = मृत्यु के बाद की अवस्था 3. माज़ी = अतीत
4. मुशाबिहत = समानता 5. नसीहत = सलाह 6. मयारी = मानक 7. फ़त्कार = डाँट 8. अस्ल = मूल

सियासत, मज़हब और अवाम

ना रोशनी की ज़रूरत ना अंधेरे का इंतज़ार,
एक शख़्स ने लगा रखी है हर ज़ेहन में आग।

भूल गए हैं लोग आज भूख के तक़ाज़े तक,
बाकमाल गुमराह कर गया है सबके ख़यालात।

खुलेगी आँख जब सलाई आँखों में धँसी होंगी,
यक़ीनन फिर कोई नहीं सुनेगा हमारी दरख़्वास्त।

हिंद की हवाओं को दौर ऐसा भी देखना होगा,
जब छोटे चोरों का लगेगा बड़े शाहों सा किरदार।

वक़्त अभी हाथ में है तो सब के झंडे साथ में हैं,
वक़्त निकलेगा जब तब आएगी तिरंगे की याद।

1. ज़ेहन = दिमाग 2. तक़ाज़ा = मांग 3. दरख़्वास्त = निवेदन

तुझे क़ातिलों से है मोहब्बत, और उन क़ातिलों का यक़ीन है तू,
बड़े ख़तरनाक ज़हर के पयाले में डुबा कर रखी गई बीन है तू।

बहुत से छोटे मोटे फ़नों का ज़हर भी अकेला तू चूस गया है,
और लाल आँख देख मासूम कह रहे की बहुत हसीन है तू।

दिखा फ़रेबी खेल उनको जो मदारी की असलियत नहीं जाने,
हम तेरे वजूद से बख़ूबी वाबस्ता हैं कि कितना शरीफ़ है तू।

---

1. यक़ीन = भरोसा 2. फ़रेबी = धोखेबाज़ 3. वजूद = अस्तित्व 4. वाबस्ता = जुड़ा हुआ 5. शफीक = दयालु

सियासत, मज़हब और अवाम

आज नहीं तो कल वो फिर, छोड़ दिया जाएगा,
दर बदलों का हक़ीक़ी कभी कोई दर नहीं होता।

चलते लंगर में रोटी बाँटने वाले इस दौर के सख़ी,
अलग मख़लूक़ हैं इनका कोई मज़हब नहीं होता।

दिखते है जरूर जो हर जमात की पहली सफ़ों में,
हरगिज़ हर शख़्स कभी सच्चा क़ाइद नहीं होता।

हाथ ख़ाली दिखाने पड़ते हैं जनाज़ों में हम्माद,
सिर्फ़ बादशाही दिखाने से कोई सिकंदर नहीं होता।

वो हसीन साहिल जो ख़तरनाक दरिया का किनारा है,
मेरे सारे सच उसके, और उसका सब झूठ हमारा है।

मैं फ़सादी ज़ेहन हूँ ये आज हर एक ज़ुबान पर आम है,
फ़रेब किया हर किसी का मगर ख़सारा सिर्फ़ हमारा है।

1. मख़लूक़ = प्राणी / समुदाय   2. क़ाइद = नेता

1. साहिल = किनारा   2. फ़सादी = उपद्रवी   3. ख़सारा = नुकसान

24

सियासत, मज़हब और अवाम

ये ख़ता तो नहीं सिर्फ़ मेरी मज़बूरी है कि जो मैं आज चुप हूँ,
बहुत बोलने की कोशिश की मगर क्या हुआ कि आज मैं चुप हूँ।

वो बादशाह है आज जिसने कभी कलेजा चबाया था बच्चों का,
मैंने की थी बग़ावत कभी, आज आपको देखकर मैं चुप हूँ।

हर शख़्स यहाँ गुनहगार है जो मौजूद है इस वक़्त का,
मैंने की थी हक़ीक़त बयान मगर कुछ राज़ हैं जो आज चुप हूँ।

हर तीर पर निशाना पहले से साथ था, आपने देखा है,
आप खुश हो, बारी कल आप की है, फिर न कहना मैं चुप हूँ।

वो खोद लाया है वो घड़ा जिसको दफनाया था ज़ुल्म डाल कर,
आज पानी पिलाया जा रहा है उसी घड़े से, आप पी रहे, मैं चुप हूँ।

ये आवाज़ फ़िज़ा में एक रंग की है आप सब के सामने बेशकता,
था तीन रंग कभी हमारी बुनियाद, आप देख रहे, मैं चुप हूँ।

अंधी साँप को आँख मिली है वो भी एक फूटी हुई जो वो जानता नहीं,
फोड़ सकता हूँ मैं दूसरी आँख भी, आपकी ख़ुशी देखकर मैं चुप हूँ।

हालात का जायज़ा नियत पर होता है, ये शोर ज़माने में है हम्माद,
मुस्तक़बिल में आपकी चीख़ देख रहा हूँ मगर बेबसी में चुप हूँ।

1. ख़ता = गलती 2. मज़बूरी = विवशता 3. बग़ावत = विद्रोह 4. गुनहगार = दोषी 5. हक़ीक़त = सच्चाई
6. ज़ुल्म = अत्याचार 7. फ़िज़ा = वातावरण 8. बुनियाद = आधार 9. जायज़ा = मूल्यांकन
10. नियत = इरादा 11. मुस्तक़बिल = भविष्य 12. बेबसी = लाचारी

सियासत, मज़हब और अवाम

"जो शख़्स आज दरबार में दरबारी करना सीख गए,
वो अपनी शराफ्त में मक्कारी का हुनर रखते थे।"

"बोलूँ मगर क्या, जब उसी का सब किया कराया है,
बिकी उसकी मजबूरी तब किसने इज्जत कमाया है।"

"जब तक ला'इल्मी की आरी, हमारे नौजवान मुल्क पर चलाएँगे।
हम्माद, तब तक वर्दी-धारी मुलाज़िम,मालिक से लड़ जाएंगे।"

1. शराफ़त = सज्जनता 2. मक्कारी = कपट 3. हुनर = कौशल

1. मजबूरी = विवशता

1. ला'इल्मी = अज्ञानता 2. मुलाज़िम = कर्मचारी / सिपाही

सिर्फ हिन्दुस्तान

ये आँख से पानी मेरा इश्क-ए-वतन है, ख़ुदा-रा कभी इसे आँसू ना समझना,
कोई ज़ख़्म नहीं है जिस्म पर मेरे, मगर मुसलसल मेरी मुस्कुराहट ना पढ़ना।

गर्दशत-ए-सदाक़त के असीरों की शिकस्त, मुम्किन है तो सिर्फ साज़िशें से,
उतर जाएगा तुम्हारी नस्लो मे जंग का खौफ, कभी हमसे खुले मैदान ना मिलना।

मैं हूँ आज जिस वतन का बाशिन्दा ये वतन नहीं मेरी खुशनसीबी है,
यहीं थे भगत सुखद और राज मगर आज बस सियासी बदनसीबी है।

फ़िज़ाओं में बहता था इल्म कबीर, कभी तुलसी और कभी नानक का,
फ़क़्त दिल ख़ाली है, देखा इन्हीं हवाओं में बह रही संतो की नकदरी है।

हर शख़्स यहां खुद को बनाने में लग गया, मुल्क दांव पर लगा कर,
मैं अकेला रह गया जब उठा लिया ख़िलाफ़ क़लम जो बेहद ज़रूरी है।

1. इश्क-ए-वतन = देश से प्रेम 2. ख़ुदा-रा = ख़ुदा के लिए / ईश्वर के लिए 3. मुसलसल = लगातार
4. गर्दशत-ए-सदाक़त = सच्चाई का संकट 5. असीर = क़ैदी 6. शिकस्त = हार 7. मुम्किन = संभव
8. साज़िश = षड्यंत्र 9. खौफ-ए-जंग = युद्ध का भय

1. बाशिन्दा = निवासी 2. खुशनसीबी = सौभाग्य 3. सियासी = राजनीतिक 4. बदनसीबी = दुर्भाग्य
5. फ़िज़ा = वातावरण 6. इल्म = ज्ञान 7. फ़क़्त = केवल 8. नकदरी = कद्र न होना 9. ख़िलाफ़ = विरोध में

"नामालूम हर सज़र के साए की महक में वफ़ादारी क्यूँ होती है,
इंसान की बातों में ज़िक्र भी उनका फिर हाथ में कुल्हाड़ी क्यूँ होती है।

काँटे पहले वही जाते हैं वो, जिनके साए में क़स्बा पलता है,
ना जाने इंसानों की इंसानियत में हर बार मक्कारी क्यूँ होती है।"

1. नामालूम = अज्ञात 2. सज़र = पेड़ 3. वफ़ादारी = निष्ठा 4. क़स्बा = बस्ती 5. मक्कारी = कपट

सिर्फ हिन्दुस्तान

वो एक है जिसने रौशन कर रखा है ज़मीन के ख़ज़ाने को,
उसी को छोड़ हमने सिर घिस दिए सजदे कर के ज़माने को।

कहाँ से होगा सुकून नसीब हमारा जब सब लगे हैं आज़माने को,
जन्नत ज़मीन पर ही थी, हम लगे हैं आसमान ख़ट-ख़टाने को।

बड़ी अज़ीहत आई दरपेश, इम्तिहानिया वक़्त मुसल्लत हुआ मुझपे,
निकल गया था मैं वो भी अकेला, जाहिलों की भीड़ में समझाने को।

अब हर एक हक़ीक़त-पसंद शख़्सियत मुझे बस मज़ाक लगती है,
हमारे कान अब सुनते हैं ज़ालिम की आवाज़ वो भी लंगर खिलाने को।

हूँ मैं जिस मुल्क का बाशिंदा, वो हमेशा मेरी सलीक़ों में नज़र आता है,
छोड़ कर मज़हब, इंसान इंसान को समझे वहीं हिंदुस्तान नज़र आता है।

आज तक नहीं हारा ये मुल्क मुख़ालिफ़ों के बड़े-बड़े लश्करों से, हम्माद,
लेकिन बंनता जहां है कोई हिंदू मुसलमान, वहीं हिंदुस्तान हार जाता है।

1. सजदा = सिर झुकाना 2. नसीब = भाग्य 3. अज़ीहत = कष्ट 4. दरपेश = सामना होना
5. इम्तिहानिया = परीक्षा का 6. मुसल्लत = थोप दिया गया 7. जाहिल = अज्ञानी
8. हक़ीक़त-पसंद = सच पसंद करने वाला 9. ज़ालिम = अत्याचारी

1. बाशिंदा = निवासी 2. सलीक़ा = तरीका / सभ्यता 3. मुख़ालिफ़ = विरोधी 4. लश्कर = सेना

यक़ीन किया था शाह है मगर निकला जूतियों का किनारा है,
वो शख़्स जो हमारा नहीं हुआ तो क्या तुम्हें लगता है तुम्हारा है।

दर-हक़ीक़त ज़ुर्म किसी गैर का नहीं असल बस ज़ुर्म हमारा है,
लाठी समझ कर ज़हरीले साँप को हमने बना लिया सहारा है।

डूब रही है मुल्क की नैया, मल्लाह मचा रहा है अजब सा शोर,
और ग़ज़ब हो गई सोच हमारी, जो बता रही गुनहगार मछुआरा है।

ना देखो लशकर-ए-मुनाफ़िक़ीन, हक से आगे बढ़ जाओ,
अगर ज़मीर न करे गवारा, मक़ाम-ए-हक़ पर अड़ जाओ,

रख दो बेख़ौफ तमाम नाहक़ की गर्दन पर तलवार, हम्माद,
ज़ुल्म के क़त्ल पर चट्टान नहीं, पहाड़ भी हो तो लड़ जाओ।

1. शाह = राजा 2. दर-हक़ीक़त = वास्तव में 3. ज़ुर्म = अपराध 4. गैर = दूसरा
5. मल्लाह = नाविक 6. गुनहगार = दोषी

1. लशकर-ए-मुनाफ़िक़ीन = कपटियों की सेना 2. ज़मीर = अंतरात्मा 3. मक़ाम-ए-हक़ = सत्य का स्थान
4. नाहक़ = अन्यायपूर्ण 5. ज़ुल्म = अत्याचार

सिर्फ हिन्दुस्तान

"जब हमसे हम ही खो गए हैं, क्यों तलाश रहा हमें सारा ज़माना है।
ज़िंदगी मिल्कीयत है मौत की और हमे इल्ज़ाम भी मौत पर लगाना है।"

वक़्त का वक़्त तय करते करते हमारा वक़्त नज़दीक आ गया,
बाकी रही थी सिर्फ़ जान, फिर इज़राईल ज़मीन पर आ गया।

किस गुमान पे तुम्को इतना इत्मिनान है हासिल, परेशान हूँ मैं,
बड़ी जिरगाहों के अमीरों को बस एक अदना-सा फ़ितना खा गया।

हब्ब-ए-परसाओँ की नीयत तमाशे करते करते दम तोड़ गई,
मगर अवामुन्नास के दिलों को एक मदारी पर यक़ीन आ गया।

लगी खुद उनके घरौंदों में आग, जिनका इल्म भी है उनको,
फ़रोख़्त ज़मीर के एतराफ़ से आग को बाइस-ए-हक़ बताया गया।

हम कल भी बाघी खड़े थे मुल्क के दहशतगर्दों के खिलाफ,
दिल फट चुका है हम्माद, जब मुल्क हमको गद्दार बताया गया।

1. मिल्कीयत = संपत्ति 2. इल्ज़ाम = आरोप

1. इज़राईल = मृत्यु का फ़रिश्ता 2. गुमान = भ्रम 3. इत्मिनान = संतोष 4. अदना = तुच्छ 6. फ़ितना = उपद्रव 7. अवामुन्नास = आम लोग 8. फ़रोख़्त = बिक जाना 9. एतराफ़ = आसपास 10. बाइस-ए-हक़ = सत्य का कारण बताया जाना 11. बाघी = विद्रोही 12. दहशतगर्द = आतंक फैलाने वाला 13. गद्दार = देशद्रोही

परछाई से मुलाक़ात

परछाई से मुलाक़ात

हैरानकुन यक़ीन ख़ुद पर है मेरा बेहिसाबी,
नही आँक सकोगे मेरी मुस्तक़िल मिज़ाजी।

नफ़रत के लिए भी शख़्सियत चाहिए मुझे,
फिर आप कैसे चाहने लगे हैं मेरी दस्तयाबी।

नफ़स की हुकूमत ग़ालिब है तेरे ईमान पे,
चल रही भले ये दुनिया आज तेरे नाम पे।

यक़ीनन ढलनी है, ये शौहरत हराम की,
मांगी भीख न मिलेगी कर्तूत-उल-अमाल पे।

1. हैरानकुन = आश्चर्यजनक 2. बेहिसाबी = बेहिसाब / असीम 3. मुस्तक़िल = स्थायी 4. मिज़ाजी = स्वभाव
5. शख़्सियत = व्यक्तित्व 6. दस्तयाबी = हासिल करना / प्राप्ति

1. नफ़स = अहं / इच्छाएँ 2. हुकूमत = शासन 3. ग़ालिब = हावी 4. ईमान = आस्था 5. शौहरत = प्रसिद्धि
6. हराम = अवैध 7. कर्तूत-उल-अमाल = कर्मों का फल / कर्मों का हिसाब

इन हिकारत भरी नज़र से मेरा कुछ नहीं जा रहा,
मैं हुं नहीं यहाँ, बस अपने जिस्म का बोझ उठा रहा।

तुमको मेरे सब्र-ए-तसल्सुल का अंदाज़ा नहीं होगा,
मैं हरगिज़ वहाँ नहीं था, जहाँ पर तुम्को नज़र आ रहा।

दास्तान नहीं, आतिश भरी पड़ी है मेरी ज़ुबान में,
जानना है जो तुम्को, जाओ मैं बिल्कुल नहीं बता रहा।

हर बात को सुनना सिर्फ़ कानों से मुनासिब नहीं होता,
कहीं ज़मीर लगता है, जो तुम्हारी नस्लो मे नहीं आ रहा।

खामोश निकले जिस दर से हम, उनके मारख़ाने भी नज़रें मिलाया नहीं करते,
हर शख़्स, हो जिनकी बातों में दम, वो कभी जिरगों में चिल्लाया नहीं करते।

हमें भी मिल सकता था क़ाफ़िला, लेकिन हम हर बात पर सिर हिलाया नहीं करते,
गर्मी इतनी ज़्यादा रगों में है कि दफ़नाना मुनासिब है, हमें जलाया नहीं करते।

1. हिकारत = तिरस्कार 2. सब्र-ए-तसल्सुल = लगातार धैर्य 3. हरगिज़ = कभी नहीं 4. दास्तान = कहानी
5. आतिश = आग 6. मुनासिब = उचित 7. ज़मीर = अंतरात्मा 8. नस्ल = पीढ़ी

1. मारख़ाना = भिड़ंत की जगह / संघर्ष स्थल 2. जिरगों = पंचायत / सभा 3. क़ाफ़िला = समूह / जत्था
4. दफ़नाना = दफन करना 5. मुनासिब = उचित

परछाई से मुलाक़ात

अब रेहाइश मुनासिब कहाँ मेरी वक़्त के हर आशियाने में,
क्या करू जब मेरे सच को मेरा दुश्मन बना दिया ज़माने ने।

अब ऐतराज़ो की बारिशो में भीग कर मज़ा आने लगा है,
मैं कुछ और था मगर कुछ और ही बना दिया ज़माने ने।

वो काम जो मैं कर रहा हूँ उसके लिए मरना शर्त थी,
मेरी बारी में उस शर्त को मेरी ज़िंदगी बना दिया ज़माने ने।

डमरू पर कैसे नचाते हैं बंदरों को, ये मदारी जानते हैं,
कलंक है किरदार जिनके, वो ख़ुद को मयारी मानते हैं।

वो अपनी वाह-वाही में कितना मुब्तला है, हमसब जानते हैं,
मक्कारी विर्स हो जिनकी, वो सबको मक्कार मानते हैं।

1. रेहाइश = निवास 2. आशियाना = घर 3. ऐतराज़ = आपत्ति 4. शर्त = शर्त / नियम

1. मदारी = तमाशा दिखाने वाला 2. कलंक = दाग 3. मयारी = स्तर वाला / मानक 4. मुब्तला = डूबा हुआ 5. मक्कारी = छल 6. विर्स = विरासत

गलतफ़हमी में हो कब से तुम कि सब तुम्हारी मर्ज़ी से हो रहा,
मैं जानता हूँ असल में नकल है और दिखावे मे सब फ़र्ज़ी हो रहा।

ये फ़साद भी तुम्हारा अपना बुना हुआ है, ये मानलोगे तुम जल्दी,
जब जानोगे बिना मतलब माली, मालिक होने की जल्दी में हो रहा।

कोई दर अगर तेरे जज़्बातों की अहमियत भूल जाए,
इन्सान ख़ामोशी थूक कर उस दर से निकल जाए।

हर हवा में उड़ने वाले परिन्दो का भरोसा ज़मीन है,
तु ज़मीन से ललकार और हवा का रुख बदल जाए।

1. गलतफ़हमी = भ्रम 2. मर्ज़ी = इच्छा 3. फ़र्ज़ी = नकली 5. फ़साद = विवाद / उपद्रव

1. दर = द्वार 2. जज़्बात = भावनाएँ 3. अहमियत = महत्व 4. परिन्दे = पक्षी 5. रुख = दिशा

परछाई से मुलाक़ात

ख़ैरात में बाँट दिया है वो सब जो आज तुम्हारा अरमान है,
तुम्हारे बर्जुग बताएँगे तुम्हें हम कौन हैं, हमारी क्या शान है।

लड़ खड़ाती धमकियों से जो हमको धमकाने में लगे हो तुम,
देदी अगर तवज्जो, माँएँ कहेंगी तुम्हारी छोड़ दो ये नादान है।

इन आँखों पर बैठ सकते हो तो सीर्फ किरदार की ख़ुशबू से,
हम्माद इन जैसों के लिए तलवार नहीं मौत हमारी मीयाँन है।

क्या अजीब तमाशा हुकूमत-ए-हिंद ने कर दिखाया,
सितमगरों को वतनपरस्त दहशतगर्दों को जाँबाज़ बताया।

मंदिर न टूटता देखा किसी ने भले ही टूटते कानून देखा,
देगा ये वक्त सदा गवाही, आलम-ए-हिंदुस्तान का,
तोड़ के बाबरी मस्जिद तुम बना रहे थे मंदिर राम का।

1. ख़ैरात = दान 2. अरमान = इच्छा 3. बर्जुग = बुज़ुर्ग 4. तवज्जो = ध्यान
5. नादान = अनजान6. मीयाँन = म्यान / तलवार की खोल

1. हुकूमत-ए-हिंद = भारत की सरकार 2. सितमगर = अत्याचारी 3. वतनपरस्त = देशभक्त
4. दहशतगर्द = आतंक फैलाने वाला 5. जाँबाज़ = बहादुर
6. आलम-ए-हिंदुस्तान = हिंदुस्तान का दौर / वातावरण

जब तक हमने खुद दिया जलाया था
तेल कभी भी उसमें ख़त्म न पाया था।

कौन लोग कुम्हार को गालियाँ दे रहे,
उनके बाप ने कभी दिया जलाया था।

बनावटी तेवर से किसी और को डराना,
हमने समुंदर को लाठी से हराया था।

तादाद से हमको कमतर ना जान लेना,
हमने बस 72 से लाखों को हराया था।

कहानी लगे अगर ज़रा अपने बाप से पूछना,
हिन्दुस्तान का आइटम बम किसने बनाया था।

जब परचम-ए-सरपरस्ती था हमारे हाथ में तो
चीन के कलेजे से केदारनाथ नोच लाया था।

तुमको क्या ही समझूँ सिद्धांतों वाले लुटेरों,
तुमने तो लोकतंत्र में बाबरी गिराया था।

मौक़ा मिलेगा अगर तो ज्ञानवापी ढहा दोगे,
इस बात को पहले ही डा. साहेब ने बताया था।

ये चार भाइयों का मुल्क था, तुमने ज़हर घोल डाला,
पता चला इतनें साल क्यों तुमको दरबार से हटाया था।

1. कुम्हार = मिट्टी के बर्तन बनाने वाला 2. तेवर = रुख / अंदाज़ 3. तादाद = संख्या 4. कमतर = कम / छोटा
5. सरपरस्ती = संरक्षण / नेतृत्व 6. लोकतंत्र = जनता का शासन 7. ढहा दोगे = गिरा दोगे / ध्वस्त कर दोगे
8. दरबार = राजसभा / सत्ता का स्थान 9. ज़हर घोल डाला = नफरत फैला दी

परछाई से मुलाक़ात

वो तारीख़ कलंक बन चुकी है आज अदल-ए-हिन्द की पेशानी का,
दगा मिली आदिलों से और सबब बनी इंसाफ़ की बदगुमानी का।

कर क्या दिया है तुमने, अभी ज़र्रा भर इसका तुमको अंदाज़ा नहीं,
अदालत-ए-उज़मा के तराजू पर बांट रख दिया तुमने बैमानी का।

नाम तो बाबरी मस्जिद का था है और रहेगा, हमेशा ये याद रखना,
लफ़्ज़-ए-बाबरी तमगा बना दिया तुमने इंसाफ़-ए-हिंद की नाकामी का।

जो आग लगाई है तुमने, वो खुद बुझा नहीं सकोगे ज़िंदगी भर तुम,
तारीख़ों में हम्माद, खुद वतन गवाह होगा ज़ुल्म-ए-बाबरी की कहानी का।

इंतज़ार बाक़ी है मेरा आज भी, अभी तो आग़ोश में पुरी ज़िंदगी है,
करो इरादा जो कर सको तुम, अभी किताब-ए-मुकद्दर नहीं खुली है।

नज़रअंदाज़ी में माहिर हो माना, मगर हमारे अंदाज़ से गाफिल हो,
बहर-ए-सब्र क़ायम है मुझमे, जाओ कश्ती तुम्हारी जिधर चली है।

जब तक मुन्तज़िर हूँ तुम्हारा, बेखौफ करो तुम सारी हदों को पार,
अना मेरी क़ाबिज़ हुई जहाँ, कहते रहोगे बात हद से निकल चली है।

1. अदल-ए-हिन्द = भारत का न्याय   2. पेशानी = माथा   3. दगा = विश्वासघात   4. सबब = कारण
5. बदगुमानी = अविश्वास   6. अदालत-ए-उज़मा = सर्वोच्च न्यायालय   7. तमगा = निशान / प्रतीक
8. नाकामी = असफलता   9. ज़ुल्म = अत्याचार

1. आग़ोश = आलिंगन   2. किताब-ए-मुकद्दर = भाग्य की किताब   3. गाफिल = अनजान / लापरवाह
4. बहर-ए-सब्र = धैर्य का सागर   5. मुन्तज़िर = इंतज़ार करने वाला   6. अना = अहंकार
7. क़ाबिज़ = काबू करने वाला

बर्फ का खंजर (खास दोस्ती)

मेरा निकाला हुआ सारा नमक ख़राब ही निकला,
जिस जिसको खिलाया, नमक हराम ही निकला।

मुझे परखने का सलीक़ा कभी आया ही नहीं,
जब भी परखना चाहा, हर दाना ख़राब ही निकला।

धुंद में मुझको अब ज़्यादा साफ़ दिखता है,
पता नहीं क्यूँ हर चेहरा बेनक़ाब दिखता है।

हज़ार मुनाफ़िकों से वाबस्तगी रही है हमारी,
मगर सरदार-ए-मुनाफ़िक हमेशा ख़ास दिखता है।

1. सलीक़ा = तरीका / ढंग 2.नमक हराम = एहसान फ़रामोश

1. बेनक़ाब = असली रूप में 2. मुनाफ़िक = कपटी 3. वाबस्तगी = संबंध
4. सरदार-ए-मुनाफ़िक = कपटियों का सरदार

मसला ये नहीं हर्गिज़ ज़रा सा, कि वो कितना नेक था,
बे एयब समझता रहा जिसे, वो शख़्स खुद एयब था।

खुराक-ए-गिज़ा में जो खा गया हो ईमान तक अपना,
इस्लाह कैस, इन्सान बन के उतारा शख्स खुद फरेब था।

मेरे घर के आईनों ने किया है कितनों को नाराज़,
सूरत की जगह जब वो किरदार दिखाने लग गए।

जान कर सबका सच पहले, फिर सवाल उठाया,
जवाब में वो सारे ख़ुद को सही बताने में लग गए।

ख़ुद से ख़फ़ा हूँ, आखिर उम्मीद लगाई क्यूँ मैने,
जहाँ लगाई उम्मीद, सब दिल दुखाने में लग गए।

1. हर्गिंज़ = बिल्कुल नहीं 2. नेक = सदाचारी 3. एयब = दोष 4. खुराक-ए-गिज़ा = भोजन
5. इस्लाह = सुधार 6. फरेब = छल

1. किरदार = चरित्र 2. ख़फ़ा = नाराज़

ये हम भी किसको हाल बताने में लगे थे,
जो सुनने से पहले मसले को बढ़ाने में लगे थे।

बाट चुका था मैंने अपना मयार किस्तों में,
फिर नफ़्सियती मरीज़ मेरी बदनामी में लगे थे।

कहने को मेरे दोस्त भी थे और मेरा इश्क़ भी साथ,
मगर दोनों के दोनों मुझे गिराने में लगे थे।

है आबरू कहाँ बाक़ी, मेरा सब किराये का है,
नसीब है जो वो भी किसी के ठुकराने से मिले थे।

1. मसला = समस्या 2. मयार = स्तर 3. नफ़्सियती = मानसिक 4. आबरू = इज़्ज़त
5. नसीब = भाग्य

शिपास गुज़ार हूँ मैं उन यारों का जो ख़ुद को मुफ़लिसी का उस्ताद मानते हैं।
क्या समझाते हैं जनाब, कया समझाते हैं, जैसे सब आप बीती जानते हैं।

समझाना इरादा जरा भी नहीं हमारा, हम तो बस तुम्हारी तरक्की चाहते हैं।
कह-कह के ये शिरीं अंदाज़ में, कानों में पिघला पिघला के शीशा डालते हैं।

कैसे बताऊं अपनी कैफीयत इनको अंदाज़ा नहीं हम पर उस रात क्या गुज़री,
जब हर सीम्त तमाम ज़माने ने कह दिया हम तो तुम्हारे सारे राज़ जानते हैं।

इन कारा साज़ो की शरफ़-ए-बारीयाबी किसको मख़सूस करूँ हम्माद,
जब हम ख़ुद बड़े सलीके से अपनी आस्तीन में ही अजदहे पालते हैं।

---

1. शिपास गुज़ार = आभारी 2. मुफ़लिसी = गरीबी 3. शिरीं = मीठा 4. कैफीयत = हालत
5. सीम्त = दिशा 6. कारा साज़ = षड्यंत्रकारी 7. शरफ़-ए-बारीयाबी = सम्मानपूर्वक प्रस्तुत होने का अधिकार
8. मख़सूस = विशेष 9. अजदहे = अजगर / बड़े साँप

ताक़ में बैठे लोग आज मुझे उठाने को,
जाल पहले बनाया खुद मुझे गिराने को।

ना हुआ नसीब वक़्त हमदर्दी जताने का उन्हें,
तब से लगे हैं वो मेरा हौसला गिराने को।

मुझे बिखरते देखने की तमन्ना है उनकी,
ख़ुदा ने शिकस्त दे रखी है सारे ज़माने को।

वक्त ए ग़ुरबत में एक शख़्स की इज़्ज़त बचाई थी,
आज लगा है खुद वक़्त मेरी इज़्ज़त बचाने को।

मैं अकेला निकलने का दम हमेशा रखता हूँ,
यक़ीन ख़ुदा पर है, लोग आज भी लगे हैं सताने को।

गिरूँगा वहाँ जहाँ तक्बीरे तहरीमा की सदा होगी,
मिट जाएँगे हम्माद, जो चाहते हैं तुम्हें मिटाने को।

1. ताक़ = घात 2. नसीब = भाग्य 3. हमदर्दी = सहानुभूति 4. तमन्ना = इच्छा 5. शिकस्त = हार
6. वक़्त-ए-ग़ुरबत = कठिन समय 7. तक्बीरे तहरीमा = नमाज़ की प्रारम्भिक पुकार

राब्ता अभी भी क़ायम है मेरी हार का,
सब तीरो नेज़ा चलाया हुआ है मेरे यार का।

ये हवाओं में नज़्म लिखने वाली रौशनाई,
ख़ून है मेरी शह-रग से निकलती धार का।

गिरना हम्माद, यक़ीनी मुक़र्रर है जानता था,
थामा था लगाम देख के जंग घोड़े की नाल का।

मैंने अपने आप में आग अपने हाथ से लगाया था,
पैर में रहने वाली चप्पलों को अपने सिर पर उठाया था।

उठाया था जिके लिए आवाज जान कर की गलत है वो,
हम्माद परवान चढ़ते उसने मेरे ज़ख्म पर साँप बैठाया था।

1. राब्ता = संबंध 2. नेज़ा = भाला 3. नज़्म = कविता 4. रौशनाई = स्याही
5. शह-रग = मुख्य नस 6. मुक़र्रर = निश्चित

1. परवान चढ़ते = उन्नति करते समय

किया था गुज़ारिश और कुछ नहीं था मेरे पास,
हाल ये अब मुझे सिफ़ारिश से ख़ौफ़ आता है।

कुछ नहीं कमा पाया सिवाय किम्ती दग़ा के,
अंजाम ये की अब मुझे वफ़ा से ख़ौफ़ आता है।

जब से सुन लिया है मैंने अपने जमाल की तारीफ़,
नहीं पता क्यों हम्माद मुझे शीशों से ख़ौफ़ आता है।

नहीं हुआ गुमान, सिर्फ़ नाम से डर गए,
इतना किया बदनाम कि नाम बन गए।

हासिल हुआ शर्फ़ उन्हें जिनके नाम का,
मशहूर हुए जब उन्हीं नाम से लड़ गए।

कैसे कहूँ वो बात उन्की जो हिज्र में हुई,
नाम लेना पड़ गया, तब सिर के बल गए।

1. गुज़ारिश = विनती 2. सिफ़ारिश = पैरवी 3. दग़ा = विश्वासघात 4. अंजाम = परिणाम
5. वफ़ा = निष्ठा 6. जमाल = सुंदरता

1. गुमान = घमंड / भ्रम 2. शर्फ़ = सम्मान 3. हिज्र = वियोग

मेरा निकाला सारा नमक ख़राब ही निकला,
जिसको खिलाया, नमकहराम ही निकला।

मुझे परखने का सलीक़ा कभी आया ही नहीं,
जब भी परखा, हर दाना ख़राब ही निकला।

"जिस तराज़ू में हमारी शख़्सियत तौलने में लगे थे सारे,
पैमाना के पलट देखा तो मोहर भी हमारे नाम की थी।"

1. नमकहराम = एहसान फ़रामोश 2. सलीक़ा = तरीका

1. शख़्सियत = व्यक्तित्व 2. पैमाना = मापदंड 3. मोहर = मुहर

"मैंने दरबार से निकाले जो शख़्स, दीमक थे मेरी मिल्कियत में,
यूँ हीं नहीं मेरी शाख़ों में दरार आई थी।"

"मेरे माज़ी से तुम्हें क्या फ़र्क़ पड़ता है – क्यों ज़रूरी है जानना,
हम्माद उठ गया कह कर, अहल-ए-ईमान पर मुर्दार हराम है।"

1. मिल्कियत = संपत्ति 2. दीमक = भीतर से खोखला करने वाला

1. माज़ी = अतीत 2. अहल-ए-ईमान = ईमान वाले लोग 3. मुर्दार = अपवित्र 4. हराम = निषिद्ध

बेटीयां और बोहतान

बेटीयां और बोहतान

"सारे आँसू रह गए निकलने के इंतज़ार में,
हम तो आँखें ही गवा के बैठे है बाज़ार में।"

ये लिबास की चमक-दमक खा गई कितने घरों की रोटियाँ,
हो रही है महलों में शादी और देख रही ग़ुरबत गुज़ारी बेटियाँ।

दुआ दे रही है अवाम नौश-ए-ग़िज़ा मखमल पर कर के,
महशर की आग को हवा दे रही ये सड़कों में उड़ती गद्दियाँ।

हर सिम्त लगी है आज अवाम सिर्फ़ दुनिया कमाने के लिए,
क़त्ल हो गया ईमान बेवजह सुकून तलाश रही है दुनियाँ।

1. इंतज़ार = प्रतीक्षा 2. गवा के = खो कर

1. लिबास = वस्त्र 2. ग़ुरबत = गरीबी 3. अवाम = आम लोग 4. नौश-ए-ग़िज़ा = भोजन 5. मुकम्मल = पूरा
6. महशर = प्रलय / क़यामत का दिन 7. सिम्त = दिशा 8. क़त्ल = हत्या 9. सुकून = शांति

दरख़्त ढूँढ रहे आसमान में कैसी ये वबा है,
हक़ नहीं रहा ज़मीर का, खोखला ताबूत खड़ा है।

इंसान अपनी इंसानियत खा कर भी बड़ा है,
चुटीं नहीं बना सकती है दुनिया मगर ग़ुरूर अड़ा है।

ज़ेहन को खोल, तेरा आमाल बुरा है,
अमलाक़ सही तेरी, तेरा हिज्र बुरा है।

बना है दस्तूर आज, बेहयाई ज़माने में,
वरना कैसे कोई कहता हिजाब बुरा है।

ज़िंदा दफ़नाने का रिवाज़ था तुमको,
जिस दीन ने दी ज़िंदगी वही दीन बुरा है।

मक़्तल में है तेरा अब, ये हुस्न सरापा,
हक है तुम्हे कहने का, कि मेरा शेर बुरा है।

1. दरख़्त = पेड़ 2. वबा = महामारी / विपत्ति 3. हक़ = अधिकार 4. ज़मीर = अंतरात्मा
5. ताबूत = शवपेटिका 6. ग़ुरूर = घमंड

1. ज़ेहन = दिमाग 2. आमाल = कर्म 3. अमलाक़ = चरित्र / आचरण 4. हिज्र = जुदाई5. दस्तूर = प्रथा
6. बेहयाई = निर्लज्जता 7. दफ़नाने = दफन करना 8. दीन = धर्म 9. मक़्तल = क़त्ल की जगह
10. सरापा = पूरी तरह

बेटीयां और बोहतान

दायरा अगर बनाना तो कोना दोनों बराबर मिलाना,
सिर्फ बेटों को अफ़ज़लियत, बेटियों को देते हो ताना।

शरीफ़ों को नवाज़ते हो अगर लक़ब-ए-शराफ़त देकर,
तो हया दारियों को भी अपने सर का ताज बताना।

निकल जाए अगर हाथ से किसी की शहज़ादी तब,
इल्ज़ाम लगाने से पहले बाप का किरदार पता लगाना।

बिन कहे पुरी करता है, जरूरत जुबान पर आने नहीं देता,
हथेली पर रखता है जान, मुसीबत उन तक जाने नहीं देता।

रखता अपनी जान से अज़ीज़ न होती अगर रुख़्सती फ़र्ज़,
कोई बाप ग़ैर की नज़र अपनी बेटियों तक आने नहीं देता।

1. अफ़ज़लियत = श्रेष्ठता 2. लक़ब-ए-शराफ़त = इज़्ज़त का खिताब 3. हया = लज्जा / शालीनता
4. शहज़ादी = बेटी (राजकुमारी के अर्थ में) 5. इल्ज़ाम = आरोप

1. अज़ीज़ = प्रिय 2. रुख़्सती = विदाई 3. फ़र्ज़ = कर्तव्य 4. ग़ैर = पराया

मैंने कहानी अपनी उसी वक्त अधूरी छोड़ दी,
देखा जब बाप से ज़्यादा उसमें माँ का खौफ था।

अदावतें भी थीं, कारसाज़ी बे-इन्तिहा हम्माद,
उसको इतना मुकम्मल देख कर दिल में ख़ौफ़ था।

कर रहे हैं माफ़ी की उम्मीद, कैसे रज़ा हो,
बेच आए जो मेरी रोटी, राज़ या बका हो।

अल्लाह फ़रमाता है नहीं बख़्शूँगा—उनको,
जो बना कभी किसी की बेचैनी की वजह हो।

1. अदावतें = दुश्मनियाँ 2. कारसाज़ी = षड्यंत्र 3. बे-इन्तिहा = असीम
4. मुकम्मल = पूरा 5. ख़ौफ़ = डर

1. रज़ा = प्रसन्नता / मंज़ूरी 2. बका = स्थायित्व 3. फ़रमाता = कहता है 4. बख़्शूँगा = माफ़ करूँगा

बेटीयां और बोहतान

है अपने अश्कों से ताल्लुक कुछ इस क़दर हमारा,
वहाँ भी निकल जातें है बदबख़्त जहाँ दर्द पराया हो।

सूख जाता है हर कतरा कैसे जाती दर्द पर,
हम्मादअश्क सैलाब होता है जब किसी नें ज़मीर हारा हो।

"है सारी खबर मुझे दुश्मनों के ख़ेमे से, तुम बेबाक खबरों को नज़रअंदाज़ करो।
नज़र-ए-हवस मायूसी का मुज़रा करेगी, ऐ शहज़ादियो बस तुम हिजाब करो।"

"कभी मत समझना बेड़ियाँ तुम अपने सिर के हिजाब को,
जलती ज़ंजीरों से जंग करके बचाया है ज़ैनब ने हिजाब को।"

1. अश्क = आँसू 2. ताल्लुक = संबंध 3. क़दर = हद तक 4. बदबख़्त = दुर्भाग्यशाली
5. कतरा = बूँद 6. सैलाब = बाढ़ 7. ज़मीर = अंतरात्मा

1. ख़ेमे = शिविर / समूह 2. बेबाक = निडर 3. नज़रअंदाज़ = अनदेखा करना
4. नज़र-ए-हवस = बुरी नज़र / वासना भरी दृष्टि
5. मायूसी = निराशा 6. मुज़रा = नाच (प्रतीकात्मक) 7. हिजाब = पर्दा / शालीनता

1. बेड़ियाँ = जंजीरें 2. ज़ंजीरों = लोहे की जकड़ 3. जंग = युद्ध

मोहब्बत शुक्र और ख़सारा

होगा इश्क़ या फिर नहीं होगा,
मिला जितना काफ़ी वही होगा।

सिलसिला-ए-इश्क़ बदला नहीं,
ख़त्म यहाँ, शुरू कहीं होगा।

फ़िक्र न करो इस दौर में इत्नी,
वो गया है, मगर मरा नहीं होगा।

इल्ज़ाम सिर्फ़ उस पर सही नहीं,
ज़िल्लत तुमने छोड़ा नहीं होगा।

इश्क़ वालों को तम्बी फ़िज़ूल है,
जनाज़ा है मगर लाशा नहीं होगा।

1. सिलसिला-ए-इश्क़ = प्रेम की कड़ी / क्रम 2. ज़िल्लत = अपमान 3. तम्बी = चेतावनी
4. जनाज़ा = अंतिम यात्रा

है तज़्किरा बस तेरा ही, अब मेरे जिस्म के हर गोशे में,
सारी उम्र गुज़र जाएगी, उसके नक़्श-ए-कफ़ीफ़ा के बोसे में।

मेरा नायाब आशियाना कोई नहीं, सिर्फ तू है मेरी गुल-ए-तर,
हम्माद अपनी ज़िंदगी लुटा सकता है, तुझे पाने के भरोसे मे।

तेरा साथ ऐसा जैसे जिस्म को ज़रूरत है साँसों की,
वक़्त-ए-हाज़िर नहीं ग़लती तेरी, ग़लती है सिर्फ़ हालातों की।

मेरी कामयाबी का इंतज़ार तेरा मेरी जान पर बन आया है,
पाँव ज़मीन पर न पड़ने दूँ, तू बात करती है ख़्वाहिशतों की।

खींच लाया मुझे मेरा नसीब जो आज ये कहने पर मजबूर हुं,
जा आज़ाद किया, चून कोई एसा जो कदर करे तेरे जज्बातों की।

1. तज़्किरा = उल्लेख / ज़िक्र 2. गोशा = कोना / भाग 3. नक़्श-ए-कफ़ीफ़ा = हल्की छाप 4. बोसे = चुम्बन
5. नायाब = अनमोल 6. आशियाना = घर 7. गुल-ए-तर = ताज़ा फूल

1. वक़्त-ए-हाज़िर = वर्तमान समय 2. ख़्वाहिशतें = इच्छाएँ 3. नसीब = भाग्य 4. जज़्बात = भावनाएँ

मोहब्बत शुक्र और ख़सारा

जिसे गुनाह समझ रहा था बस, वो शिर्क-ए-अज़ीम था,
ख़बर मिली थी मुझे वो शख्स, सादिक़-उल-अमीन था।

थी अच्छाइयाँ उसमें हज़ारों, जिन्हे गिना नहीं सकता मैं,
हम्माद उसने वहा से तोड़ा जहां वो खुद मेरा यक़ीन था।

हमने पाकर सब कुछ इकदम सब खोया है,
हमारी सिर्फ़ आँखें नहीं पूरा जिस्म रोया है।

आसान रास्ता चुन लिया हिजरत का उसने,
और उसके हिज्र ने मेरे जर्फ़ को धोया है।

टूटी शाख गिरी और ख़ुद को पौधा बना लिया,
इस सौदे में उस पेड़ ने अपना वजूद खोया है।

1. शिर्क-ए-अज़ीम = बड़ा पाप 2. सादिक़-उल-अमीन = सच्चा और अमानतदार 3. यक़ीन = विश्वास

1. हिजरत = छोड़कर जाना 2. हिज्र = वियोग / जुदाई 3. जर्फ़ = सहनशीलता / क्षमता 4. वजूद = अस्तित्व

गिला इतना अभी ज़्यादा कुछ नहीं हुआ है,
माओसिकी हुई थी तुमको इश्क़ नहीं हुआ है।

मिसाल-ए-इबरत इश्क़ की हक़ीक़त यही है,
मालूम तो करो तुमसे हुआ भी या नहीं हुआ है।

अधूरी रह गई वो मोहब्बत जो पूरी हो गई,
बिछड़े जहाँ वही तो इश्क़ मुकम्मल हुआ है।

वो ख़ामोशी हद थी मेरे अन्दर के शोर की,
और नहीं समझ पाया कोई हँसना मेरा।

एहताराम, सलीका सिखाकर इश्क़ का,
बड़े सलीके से देखा गया बिखरना मेरा।

1. गिला = शिकायत 2. माओसिकी = संगीत 3. मिसाल-ए-इबरत = सीख देने वाली मिसाल
4. हक़ीक़त = सच्चाई 5. मुकम्मल = पूर्ण

1. एहताराम = सम्मान 2. सलीका = तरीका

मोहब्बत शुक्र और ख़सारा

नही हो पाई क़दर तुझसे मेरे जज़्बात की,
मगर ख़बर तो लेता, एक बार मेरे हालात की।

मैं तेरे ऐतिराज़ों का हरगिज मुनकिर नहीं,
काश तु देख पाता, शिकस्त मेरे एहसास की।

मैं अपनी मुश्किलों में कुछ इस तरह उलझता जा रहा,
की जैसे शेर की दाढ़ में फस् हिरन, मरना चाह रहा।

और खड़े-खड़े बस देखती रही मुनाफ़िक उम्मीद मेरी,
था समंदर कभी पास, हाथ से अब क़तरा भी जा रहा।

वक़्त ऐसा था मोहब्बत ख़ुद मुझ पर लानत करती रही,
दिलासे शहज़ादी के थें, दिन तो बस कटता जा रहा।

1. क़दर = सम्मान 2. ऐतिराज़ = आपत्ति 3. हरगिज = कभी नहीं 4. मुनकिर = इंकार करने वाला 5. शिकस्त = हार

1. मुनाफ़िक = कपटी 2. क़तरा = बूँद 3. लानत = धिक्कार 4. दिलासे = तसल्ली देने वाले शब्द

दयार-ए-इश्क़ में हर क़दम पर फ़ासले बनाते हैं,
तुम दिल ही नहीं हो मेरा, हम तो रूह तुम्हें बताते हैं।

साँसों में हिचकियाँ शामिल होती हैं, थम जाते हम,
हमको सिर्फ़ याद नहीं, हमें यादों के दौरे आते हैं।

आसान है, वो ज़िंदगी की हद जहाँ सिर्फ़ मरना होता है,
ख़लवत में उन तमाम हदों से हम गुज़र जाते हैं।

फिरते हैं हर सिम्त निहायत शान-ओ-शौकत से हम्माद,
वो सामने होते हैं तो बच्चों-सा उससे लिपट जाते हैं।

1. दयार-ए-इश्क़ = प्रेम की दुनिया 2. फ़ासले = दूरियाँ 3. रूह = आत्मा 4. ख़लवत = एकांत / तन्हाई
5. सिम्त = दिशा 6. निहायत = अत्यंत / बहुत 7. शान-ओ-शौकत = वैभव / ठाठ 8. दौरे = बार-बार आने वाले दौरे / आवेग

मोहब्बत शुक्र और ख़सारा

हर ग़म भी खा गई ये डायन मोहब्बत,
नहीं है कोई ग़म मेरी ज़िन्दगी में अब।

रोने को दिल मेरा अब जब करता है,
आँसू भी नहीं निकलते आँख से अब।

नहीं रहा अकेला तन्हाई यालूद बन गई,
किश्तों में ज़ाया रूह हो रही ज़ुबान से अब।

ये ख़ूनालूद दहर मेरा एक धोखा है जनाब,
शरबत था हाथ में, ख़ाली गिलास है अब।

मताएजान हाल-ए-वजूद की बात न कर,
यहीं थी मेरी लाश, नहीं पता कहाँ है अब।

भूख मोहब्बत की जो फ़ाकाकशी में रह गई,
बहुत दी आवाज़ हम्माद, सन्नाटे बचे हैं अब।

1. तन्हाई = एकांत 2. ज़ाया = नष्ट 3. ख़ूनालूद = ख़ून से लथपथ 4. दहर = संसार / समय
5. हाल-ए-वजूद = अस्तित्व की अवस्था 6. फ़ाकाकशी = निर्धनता / भूख 7. सन्नाटा = गहरी चुप्पी

ये मख़रूज़-ए-दिल दोबारा ख़ुदकुशी की राह पर है,
क़ामयाब समझने वालों, हमें पता है हम कहाँ पर हैं।

छोड़ा इश्क़ जहाँ पर, इश्क़ वहीं खड़ा रह गया मेरा,
आप अपना रहे हैं जिसे, वो तभी से आलम-ए-अरवाह पर है।

ये नए-नए लोग वफ़ा की कसमें इतने सलीके से खाते हैं,
कि जैसे चलते ज़मीन पर नहीं, ये उड़ने वाले हवा पर हैं।

अंज़ाम-ए-मोहब्बत इबारत बनाई हुई है ज़माने ने सारे,
क़िताल करूँ तो कैसे, पहले ये बताओ इश्क़ कहाँ पर है।

वो रही कहाँ वहाँ जहाँ हमने उसको छोड़ा था,
ख़ून से सनी एड़ियाँ ले कर उसके पीछे दौड़ा था।

हमने अंधे इश्क़ पर अपने मयार का सौदा किया है,
आँखें खुली तो पाया इश्क़ नहीं ज़र्फ़ पर पड़ा कोढ़ा था।

1. ख़ुदकुशी = आत्महत्या 2. आलम-ए-अरवाह = रूहों की दुनिया 3. अंज़ाम-ए-मोहब्बत = प्रेम का परिणाम
4. इबारत = लिखी हुई कहानी / दास्तान 5. क़िताल = वध / हत्या

1. सनी = लिपटी हुई 2. मयार = स्तर / मानक 3. ज़र्फ़ = सहनशीलता / पात्रता
4. कोढ़ा = कोढ़ / घाव (रूपक)

मोहब्बत शुक्र और ख़सारा

कभी-कभी अपने हाल पर तरस आता है,
ये शख़्स ऐसा नहीं था जैसा नज़र आता है।

मंज़िलें बांट दिया करता था मुफ़्त में सभी को,
जो आज के वक्त में रास्तों में ठोकर खाता है।

सिर्फ निगाहों से मुख़ालिफ़ की औक़ात गिरा दे,
वो आज हर किसी के आगे गिड़गिड़ाता है।

जिसे शहज़ादी समझ के बर्बाद किया है ख़ुद को,
कनीज़ निकली, ना होने पर जिसे समझाता है।

वक्त अलग था, दर्द-ए-इश्क की दवा था वो ख़ुद,
हम्माद, सिर्फ देखो अब कब तक वो मर जाता है।

1. मुख़ालिफ़ = विरोधी 2. औक़ात = हैसियत 3. कनीज़ = दासी 4. दर्द-ए-इश्क = प्रेम का दर्द

मोहब्बत शुक्र और ख़सारा

करता हूँ सवाल लाख मगर हर एक जवाब पता है,
नहीं चाहता बताना ख़ुद से, पता है जो तु कर रहा है।

मेरे हिस्से का वक़्त कहाँ है ये भी बख़ूबी जानता हूँ,
बचा रहा हुं अभी उससे, वो जो तू बनने पर अड़ा है।

ये आज कल जल्दबाज़ी तेरी फ़ोन रखने में क्यूँ है,
कोई संजीदा मामलात हैं या फिर कोई ख़ास वजह है।

मैं ताज को ठोकर मारता हूँ जनता हुं तू क्या सोच रहा है,
सिर्फ बातें हैं इसके पास और बाकी क्या ही बचा है।

तबाह कर ली अपने हाथ से, पूरी ज़िंदगी और सपने,
हस्ता हुं देख कर उस्को जो अज़ल-ए-इश्क में मुब्तला है।

1. बख़ूबी = अच्छे से 2. संजीदा = गंभीर 3. मामलात = मामले 4. अज़ल-ए-इश्क = प्रारम्भिक प्रेम
5. मुब्तला = डूबा हुआ / उलझा हुआ

मोहब्बत शुक्र और ख़सारा

नमूदार हुआ है वो अब, जब ज़ेहन फ़क़ीरी में मुब्तला हो गया,
मैं कहता रहा इश्क़ काफी है, वो अमीरी में मुब्तला हो गया।

हर दौर में ठोकर खाना रब ने उसके नसीब में लिख दिया है,
मैं जब मुकम्मल इश्क़ में था तो वो शीर्क में मुब्तला हो गया।

सीधी ज़िंदगी कुदरत देने की कोशिश करता रही उसे हर बार,
दिमाग़ ज़्यादा उसका, उसकी क़िस्मत रौंदने में मुब्तला हो गया।

उसका ख़याल अब ख़याल नहीं रहा, एक सवाल बन चुका है,
इश्क़ का अर्क बचा है सीर्फ अन्दर, दिल तो मलाल बन चुका है।

अब कसरत से कोशिश जारी है, मतलब़ी शख़्स को भुलाने की,
सच्चा इश्क ठुकरा कर, जो जाली इश्क़ के जाल में फँस चुका है।

इतनी तकलीफ़ उसने मेरे नसीब में ज़हरीले ख़ंजर से लिखा की,
मेरे अंदर से मेरा ज़मीर मार कर, एहसास को बेहाल कर चुका है।

रहनुमाई इश्क़ की और इस्लाह मेरे बस में अब नहीं रही हम्माद,
मासुम समझ कर गया था जिसे, वो शख्स घड़ियाल बन चुका है।

1. नमूदार = प्रकट 2. ज़ेहन = दिमाग 3. फ़क़ीरी = सादगी / गरीबी 4. मुब्तला = उलझा हुआ
5. नसीब = भाग्य 6. मुकम्मल = पूरा 7. शीर्क = बड़ा पाप 8. क़िस्मत = भाग्य

1. अर्क = सार 2. मलाल = पछतावा 3. मतलब़ी = स्वार्थी 4. ज़मीर = अंतरात्मा 5. रहनुमाई = मार्गदर्शन
6. इस्लाह = सुधार 7. घड़ियाल = क्रूर व्यक्ति (रूपक)

“ये अंदाज़-ए-तग़ाफ़ुल और फिर उसी का इंतज़ार भी,
क़िताल-ए-सबर, हुदूद-ए-मयार और अना का क़त्ल-ए-आम भी।

ये बयानदोज़ी न क़ाबिल-ए-एतिराज़ और हक़ीक़त-ए-इश्क़ है,
मुस्कुराहट-ए-मक़्तूल शिफ़ा भी है और अज़ाब भी।”

1. अंदाज़-ए-तग़ाफ़ुल = अनदेखी करने का तरीका 2. क़िताल-ए-सबर = धैर्य की हत्या 3. हुदूद-ए-मयार = सीमा का स्तर
4. अना = अहंकार 5. बयानदोज़ी = बयान से हत्या / शब्दों का प्रहार 6. क़ाबिल-ए-एतिराज़ = आपत्ति योग्य
7. हक़ीक़त-ए-इश्क़ = प्रेम की सच्चाई 8. मक़्तूल = मारा हुआ 9. शिफ़ा = उपचार 10. अज़ाब = पीड़ा

मोहब्बत शुक्र और ख़सारा

उसका तरीक़ा तुम्हारे मयार का क़त्ल अगर करने लगा,
मुबारक हो, तुम्हारा इश्क़-ए-हक़ीक़ी मुकम्मल होने लगा।

नज़रअंदाज़ तुम्हारे वजूद को अगर वो करने लगा,
ख़ुशामदीद-ए-महफ़िल नशा.सिगरेट का करने लगा।

अब तुम्हारी गिड़गिड़ाने की बारी आएगी, कर पाओ तो महसूस करना,
तुम्हारी हर गिड़गिड़ाहट से उसको चैन-ओ-सुकून मिलने लगा।

हर रात तुम्हारा क़त्ल लाज़िमी भी किया जाएगा।
तुमको ज़िंदा लाश बना छोड़ दिया जाएगा।

हँसी तुम्हारे चेहरे से नोच लिया जाएगा।
दर्द और शर्मिंदगी तुम्हारे मुक़द्दर में लिख दिया जाएगा।

और ये सितम हु-ब-हु जब तुम पर होने लगा,मुबारक हो,
तुम्हारा इश्क़-ए-हक़ीक़ी मुकम्मल होने लगा।

1. मयार = स्तर 2. इश्क़-ए-हक़ीक़ी = सच्चा प्रेम 3. वजूद = अस्तित्व
4. ख़ुशामदीद-ए-महफ़िल = महफ़िल का स्वागत योग्य
5. चैन-ओ-सुकून = शांति 6. लाज़िमी = अनिवार्य 7. मुक़द्दर = भाग्य
8. सितम = अत्याचार 9. हु-ब-हु = बिल्कुल वैसा ही

तक चुका तेरा रास्ता बहुत अब क्या बचा है तकने को,
निकल गया इश्क़ मेरी रूह से तड़प रहा हूँ बस मरने को।

अख़्तियार उसे दिया था ख़ुद पर जो हथियारात रखता था,
इल्ज़ाम अब उस पर कैसा, जब मैं ख़ुद गया था बिखरने को।

इतनी मिन्नत करने पर सूरज नमूदार हो गया होता पश्चिम से,
मैं ख़ाक में सलाई लगा कर मुन्तज़िर था आतिश निकलने को।

और फिर मुस्कुराहट को क़ीमत दे कर चेहरे का हिस्सा बना लिया,
नहीं समझा सका कोई, आँखें क़िताल करती रही सच उगलने को।

1. रूह = आत्मा 2. अख़्तियार = अधिकार 3. हथियारात = हथियार 4. मिन्नत = विनती
5. नमूदार = प्रकट 6. मुन्तज़िर = प्रतीक्षा करता हुआ 7. आतिश = आग 8. क़ीमत = मूल्य

ये जो तुम ख़्वाब को पानी पर हक़ीक़त कर रहे हो,
ये तशद्दुद कहीं और नहीं अपने आप पर कर रहे हो।

बताना ही पड़े उसको अगर तुम्हे अपना मयार,
तो ये गुस्ताख़ी तुम मशरा-ए-इश्क़ में कर रहे हो।

कभी देखा है तुमने पतंगों को गौर से चिराग के पास,
रोशनी की हसरत में मरते हैं, और तुम भी वही कर रहे हो।

ये जो तुम्हारे पास है तुमको पता है कितनों की आस है,
सूली पर चढ़ चुके कई अब, तुम अपनी तैयारी कर रहे हो।

1. ख़्वाब = सपना 2. हक़ीक़त = सच्चाई 3. तशद्दुद = अत्याचार 4. मयार = स्तर 5. गुस्ताख़ी = दुस्साहस
6. मशरा-ए-इश्क़ = प्रेम की सभा / संसार 7. हसरत = लालसा 8. सूली = फाँसी का तख्ता

मोहब्बत शुक्र और ख़सारा

मोहब्बत की तख़य्युल में परखने लगे जब कोई कतार को,
अलविदा कहना बेहतर है उस होशियार को।

जब उसको फ़हरिस्तों में मोहब्बत की होने लगे कश्मकश।
साबित कर के ख़ुद को मत गिराने अपने किरदार को।

हर खुले गुड़ पर अक्सर चुंटें लग जाते हैं,
अदावत दिखावट में मत तबाह करना अपने मयार को।

हक़ीक़ी मोहब्बत पहले पहल फ़ैसले देती है, हम्माद,
भीड़ जब दिखने लगे महबूब रवाना फ़ौरन करना मक्कार को।

1. तख़य्युल = कल्पना 2. फ़हरिस्त = सूची 3. कश्मकश = उहापोह / द्वंद्व 4. अदावत = दुश्मनी
5. मयार = स्तर / मानक 6. हक़ीक़ी = सच्ची 7. रवाना = विदा करना 8. मक्कार = छल करने वाला

वक़्त के अल्फ़ाज़ थे, न उम्मीद लगाया कर,
इंतज़ार ने वक़्त को समझाया, इससे न समझाया कर।

ग़ैरत ने कहा, कब तक मुझे गिराओगे,
अहसास ने दिया फ़रमान, इसकी बातों में न आया कर।

हक़ीक़त कहती रही चीख़ कर, हक़ीक़त कुछ और है,
मिज़ाज ने डाँट के बोला, हक़ीक़त न बताया कर।

भीड़ में शिकायत की पलकों ने भी गुहार लगाई,
फ़ोन से नुक़सान होता है, एक बार तो मुझे झपकाया कर।

कोई मोहब्बत को वक़्त देने में बहाने नहीं बना सकता,
जाहिलों को समझा दो, मगर इश्क़ के जाहिलों को ना समझाया कर।

1. अल्फ़ाज़ = शब्द　2. ग़ैरत = स्वाभिमान　3. फ़रमान = आदेश　4. मिज़ाज = स्वभाव
5. गुहार = विनती　6. जाहिल = अज्ञानी

नौजवान अपनी मोहब्बत पर फ़ख़्र कर रहा है,
छोटा है साँप को रस्सी समझ के पकड़ रहा है।

मनक़बत-ए-महबूब सुना कर चेहरा सुर्ख़ कर रहा है,
पहली सीढ़ी पर ही क़सीदा-ए-इश्क़ पढ़ रहा है।

नये आशीक ने मशवरा जब मुझसे इश्क़ पर किया,
इश्क छोड़ कर अस्सलातुल ख़ैरुन मिनन नौम कह रहा है।

जा दिया मैंने तुझे अपना यक़ीन इसे तार-तार कर दे,
मैं फिर पड़ गया इश्क़ के चक्कर में मुझे आज़ाद कर दे।

फ़ितरत है तुम्हारी नस्ल की हर सच्चों का दिल दुखाना,
जा पकड़ कोई हसीन बदक़िरदार और ख़ुद को बर्बाद कर दे।

1. फ़ख़्र = गर्व 2. मनक़बत-ए-महबूब = प्रिय की प्रशंसा 3. सुर्ख़ = लाल
4. क़सीदा-ए-इश्क़ = प्रेम का गुणगान 5. मशवरा = सलाह

1. यक़ीन = विश्वास 2. तार-तार = टुकड़े-टुकड़े 3. फ़ितरत = स्वभाव 4. नस्ल = वंश
5. बदक़िरदार = चरित्रहीन

अस्लाफ़ की कहानी अब सिर्फ तल्ख़ियत पर आमादा है,
वसल और हिज्र शतरंज की चाल है और आप बस एक प्यादा हैं।

मैंने गुज़ार दी अपनी ख़ूनी रात उसके ख़याल में ख़ुद को लपेट कर,
उसकी ख़ुशियों ने बचा रखी है जान, वरना दर्द अब भी बहुत ज़्यादा है।

मर्ज़ क्या बिगाड़ लेता मेरे वजूद का जब सामने मेरी आब-ए-हयात है,
जर्ब लगा तब, जब उसी से सुना क्या हक़ीक़त में तुमको दर्द ज़्यादा है।

फर्ज़ी मुस्कुराहट लिए अपना मर्ज़ छुपा कर उससे रु-बरु होता रहा,
नहीं पता था इश्क़ के वसल की रात को जहन्नम बनाने का इरादा है।

आज बयान करने की हिम्मत छूट गई मेरी अंदर जैसे तूफ़ान आया है,
बातों को बस बातों की तरह सुन्ने की कोशिश थीं मगर लहज़े ने क़हर ढाया है।

बहुत प्यारी है मेरी आब-ए-हयात और मासूम भी, उसको अंदाज़ा ही नहीं है,
अनजाने में उसने किसी ख़ंजर से नहीं हम्माद, फूल से मेरी गर्दन उड़ाया है।

1. फ़ख़्र = गर्व 2. मनक़बत-ए-महबूब = प्रिय की प्रशंसा 3. सुर्ख़ = लाल
4. क़सीदा-ए-इश्क़ = प्रेम का गुणगान 5. मशवरा = सलाह

1. अस्लाफ़ = पूर्वज 2. तल्ख़ियत = कड़वाहट 3. आमादा = तैयार 4. वसल = मिलन5. हिज्र = जुदाई
6. आब-ए-हयात = जीवन जल 7. जर्ब = चोट 8. रु-बरु = आमने-सामने 9. जहन्नम = नरक
10. लहज़ा = बोलने का अंदाज़ 11. क़हर = विनाश / प्रकोप 12. ख़ंजर = खंजर / छुरा

**“दिन गुज़र रहा एक उम्मीद में, किसी दिन ग़ैरत मुँह को खोलेगी।
समझ अपनी किनारे रख कर, फिर वो असल हक़ीक़त बोलेगी।„**

**“मुसलसल लगी थी पीछे नाकामियाबी, और नीयत ने सब्र को बगावत देदी।
अपनी रूह का गला घोंटा फिर हमने, मोहब्बत को हिजरत की इजाज़त देदी।„**

1. ग़ैरत = स्वाभिमान 2. असल = वास्तविक 3. हक़ीक़त = सच्चाई

*1. मुसलसल = लगातार 2. नाकामियाबी = असफलता 3. नीयत = इरादा 4. सब्र = धैर्य
5. हिजरत = छोड़ देना / त्याग 6. इजाज़त = अनुमति*

मोहब्बत शुक्र और ख़सारा

अगर ज़िन्दगी में ज़िन्दगी मेरी असल देखनी है तो देखना उसको।
मेरी गुलुब क़लम बिना स्याही की नज़्म देखनी है तो देखना उसको।
नसीब थी मुझे बुलंदी, मेरी बुलंदी देखनी है तो देखना उसको।
चेहरे की चमक धोखा है, मेरा नूर देखना है तो देखना उसको।
ये अंदाज़-ए-नज़रअंदाज़ी हसीनों की, जानना है तो देखना उसको।
ख़ामोशी की तोहमत लगाने वाले मेरा बयान देखाना है तो देखना उसको।
घड़ी मेरी हाथों में ना देखो, मेरा वक़्त देखना हैं तो देखना उसको।
ये ज़मींदोज़ निगाहें मेरी अगर पुरकशिश देखनी हैं तो देखना उसको।
मोहब्बत मामूली है अगर, मेरी ज़िन्दगी देखनी है तो देखना उसको।
चाँद-ओ-सितारे कमतर हैं, मेरी क़ायनात देखनी है तो देखना उसको।
सुनना हो तो सुनो मगर मेरी शायरी देखनी है तो देखना उसको।
ये जिस्म-ए-हम्माद नुमाइश है, मेरी रूह देखनी हैं तो देखना उसको।
मैं शख़्स जलाली बहुत, अगर मेरा जलाल देखना है तो देखना उसको।

1. असल = वास्तविक / सच्चा रूप 2. नज़्म = कविता 3. नसीब = भाग्य 4. बुलंदी = ऊँचाई / महानता
5. नूर = प्रकाश / आभा 6. अंदाज़-ए-नज़रअंदाज़ी = अनदेखा करने का तरीका 7. तोहमत = आरोप
8. बयान = कथन / अभिव्यक्ति 9. ज़मींदोज़ = झुकी हुई / ज़मीन की ओर 10. पुरकशिश = आकर्षक
11. कमतर = कम दर्जे का 12. क़ायनात = सम्पूर्ण सृष्टि 13. नुमाइश = प्रदर्शन 14. रूह = आत्मा
15. जलाली = प्रभावशाली / रौबदार 16. जलाल = रोब / महान तेज

बेवफ़ाई नेमत है

बेवफ़ाई नेमत है

उसने कहा था, मुसलसल मेरे यक़ीन का मुस्तहक़ कोई नहीं,
उसको क्या बताता, यही कि उसके सिवा मेरा और कोई नहीं।

वाक़िफ़ था उसकी दुनिया-परस्ती की फ़ितरत से कुछ इस क़दर,
उसने हिज्र का इरादा जैसे किया, ख़ामोशी से कह दिया कोई नहीं।

थी ग़ुर्बत नसीब में, मैं अपना इश्क़ खो रहा था,
सदियों से जो होता आया है, बस वही हो रहा था।

बहुत तन्क़ीदें सिखा कर हिज्र मुसल्लत किया मुझपर,
और वो आँखों के सामने किसी और का हो रहा था।

वो अदना सोच में था कि नई ज़िंदगी का आग़ाज़ है,
मगर मैं मौत बन कर दोबारा उसमें ज़िंदा हो रहा था।

1. मुसलसल = लगातार 2. मुस्तहक़ = हक़दार 3. वाक़िफ़ = परिचित 4. दुनिया-परस्ती = सांसारिक मोह
5. फ़ितरत = स्वभाव 6. हिज्र = जुदाई

1. ग़ुर्बत = गरीबी 2. तन्क़ीद = आलोचना 3. मुसल्लत = थोप दिया गया 4. अदना = छोटा / तुच्छ
5. आग़ाज़ = शुरुआत

जिसे गुनाह समझ रहा था, वो शिर्क-ए-अज़ीम था,
ख़बर यही मिली मुझे कि वो सादिक़-उल-अमीन था।

थी अच्छाइयाँ उसमें हज़ारों, जिनको गिना नहीं सकता मैं,
किया क्या, बताने से रहा, वो शख़्स नहीं, मेरा यक़ीन था।

ये मुस्कुराहटें गवाह हैं, कि मेरा ज़ख़्म अभी ताज़ा है,
जो मरते दम तक नहीं समझ सकोगे तुम, ये वादा है।

तुम्हारी सादाकत यही है, कि अभी तो मेरे साथ ही हो,
इस का दरख़्त जड़ें मजबूत था, ज़मीन ने मुझे काटा है।

1. शिर्क-ए-अज़ीम = बड़ा पाप　　2. सादिक़-उल-अमीन = सच्चा और अमानतदार　　3. यक़ीन = विश्वास

1. सादाकत = सच्चाई

बेवफ़ाई नेमत है

शबो-रोज मेरे अंदर का सन्नाटा बिखर के शोर करता है,
मेरी बात रहती है कुछ और, वो कुछ और करता है।

इश्क़ फ़र्ज़ किया है ख़ुद पर, अहसान नहीं किरदार है,
पहाड़ नहीं तोड़ पाया मुझे, मगर तु तोड़ सकता है।

हूँ राज़ी तेरी हर दलील पे मै, जा रश्क कर ख़ुद पर,
नशे में पुरा जिस्म है, तेरे शाने पर रूह छोड़ सकता है।

बड़ी तकलीफ़ों का सैलाब है, इन मुस्कुराहटों के पीछे,
ज़रूरी नहीं कि हर हँसता चेहरा खुश हो सकता है।

ये दुआ है मेरी, मिले तुझे उम्रभर इश्क़ और वफ़ा भरपूर,
हम्माद तेरी खुशियों के लिए तुझको भी छोड़ सकता है।

रुक गया वहीं, मिले जहाँ मुझे तेरे पाँव के निशान, ग़ैर के साथ,
उठा कर अपने ज़मीर का लाशा, मै फ़ना हो गया, ख़ैर के साथ।

अपने आप डगमगा गए क़दम मेरे, बस एक ज़ीना को पार करने में,
फिर तमाम पासबान-ए-इश्क़ से माँगी दवा मगर, ज़हर के साथ।

1. शबो-रोज = दिन-रात 2. फ़र्ज़ = कर्तव्य 3. रश्क = ईर्ष्या 4. शाना = कंधा 5. सैलाब = बाढ़

1. ग़ैर = दूसरा व्यक्ति 2. ज़मीर = अंतरात्मा 3. फ़ना = नष्ट होना 4. ज़ीना = सीढ़ी
5. पासबान-ए-इश्क़ = प्रेम के रक्षक

तुम बस अपनी अना में उलझते रह गए,
हमारे आँसू आँखों से निकलते रह गए।

हमको हमारे अंदर ही, खा लिया किसी ने,
और बची सारी बात तो तुम करते रह गए।

जहाँ रुकना था तुम्हें, हमेशा वहाँ से तुमने हिज्रत की है,
अगर खोया सुकून तुमसे, तो बात तुम्हारे मुक़द्दर की है।

मैंने तो खड़ा ही था तुम्हारा सारा मरहला सुलझाने को,
ख़ामोश रह कर तुमने सीर्फ मेरे इश्क़ से बग़ावत की है।

जो है आँसू वो नसीब तुम्हारा होगा मगर, मुझे हैरानी नहीं,
बातें ख़त्म थी जिस जगह वहीं पर तुमने बात शुरू की हैं।

---

1. अना = अहंकार

1. हिज्रत = छोड़ जाना 2. मुक़द्दर = भाग्य 3. मरहला = चरण 4. बग़ावत = विद्रोह

बेवफ़ाई नेमत है

कैसे तेरी ज़ुबान की नोक दो धारी है,
तवंगर पर फूल और नादार पर आरी है।

मै भी तुमसे खुद का तआरुफ़ करने लगु,
जाओ तुम्हारे हुस्न पे मेरा मयार भारी है।

ये कमज़र्फ तेरे लहज़े पर फिसल गए जो,
हम पता है लहज़ा नहीं, तेरी अदाकारी है।

जमाल मुजरा करता है किरदार के सामने,
हुस्न से किया गया इश्क नही मक्कारी ही।

1. तवंगर = अमीर 2. नादार = गरीब 3. तआरुफ़ = परिचय 4. मयार = स्तर 5. लहज़ा = बोलने का अंदाज़
6. जमाल = सौंदर्य 7. मक्कारी = कपट

दहलीज़ लाँघ के इश्क़ की।। क्या माफ़ी-तलाफ़ी को आए हो,
लगता है किसी ने ठुकरा दिया है, क्या ठोकर खा के आए हो।

अचानक अब बातें याद दिला रहे, वो भी पुरानी हमको,
लगता है इस बार ज़ख़्म कहीं शदिद गहरा खाकर आए हो।

ये क़समें, ये वादे, और उसपे ये हरकतें मुनाफ़िक़ारा,
जाओ तुम कीसी ठिकाने से ठिकाना हार के आए हो।

उसपे सवाल, हँस क्यूँ रहा हूँ, तुम्हारे हालात देख कर,
लिबास की सुक्ड़न बता रही, क्या-क्या कर आए हो।

1. दहलीज़ = चौखट / सीमा 2. माफ़ी-तलाफ़ी = माफी और सुधार की कोशिश 3. शदिद = बहुत ज़्यादा / तीव्र
4. मुनाफ़िक़ारा = कपटी / दोहरा व्यवहार 5. लिबास = वस्त्र 6. सुक्ड़न = सिलवट / शिकन

बेवफ़ाई नेमत है

नस्लो से मिली है तरबियत, निगाहें झुका कर बात करने की,
उठ गई अगर निगाहें, हिम्मत नहीं किसी मे एतराज करने की।

तुमसे मिली निगाहें जब से, ये अपनी बेबसी से ख़ुद आज़िज़ हैं,
बुरी आदत लगी है इनको, हर नायाब चीज़ को इंकार करने की।

है हिकमत सारी निगाहों में, हर एक शख़्सियत को परखने वाली,
रक़ाबत मुमकिन नहीं यहां, निगाहें रखती हैं हुनर यलग़ार करने की।

1. तरबियत = परवरिश 2. एतराज = आपत्ति 3. आजिज़ = लाचार 4. नायाब = अनमोल
5. हिकमत = बुद्धि 6. रक़ाबत = प्रतिस्पर्धा 7. यलग़ार = आक्रमण

सिर्फ हक़ीक़ी मयार-ए-इश्क़ चाहिए था मुझको,
रूहानियाती सोहबतों की मुझे आदत थी।

दरियाओं का शोर नहीं था, मैं बस झीलों सा ख़ामोश था,
उसको मेरे छोटे किनारों से नफ़रत थी।

उसको क्या समझाता मैं कौन था, मेरी क्या शफ़क़त थी,
तस्वीर से तफ़सीर बनाने की उसको आदत थी।

समझती कभी शख्सियत की ख़ामोश झील का रुतबा,
राहें बना कर दरिया सा बहना मेरी ज़रूरत थी।

ज़ेहन में अगर फ़ित्ना-ओ-शिर्कियत का महल न होता,
प्यासे खुद उसमे बताते मेरी क्या अहमियत थी।

---

1. रुहानियाती = आध्यात्मिक 2. सोहबत = संगत 3. शफ़क़त = करुणा 4. तफ़सीर = व्याख्या 5. रुतबा = दर्जा 6. फ़ित्ना = उपद्रव 7. शिर्कियत = बहुदेववाद

बेवफ़ाई नेमत है

बचा सारा दिन मेरा लगा था मशक्कतों से, कि बस गुज़ार मुझे,
मिलेंगे जरूर एक रोज हम सुना था, तब से खा गया इंतज़ार मुझे।

एक रोज़ ही सही मुलाक़ात मुमकिन होगी शहर-ए-ख़ामोशा में,
फिर इस उम्मीद के साथ आजाब-ए-क़बर ने कर दिया तार तार मुझे।

अपने हाल का ज़ायज़ा देने किसी रोज़ मैं उसके ख़्वाब में जाऊँगा,
हम्माद आलम-ए-बर्जख से चीखता रहा, बस एक बार तो पुकार मुझे।

ये आसमानों का रंग इतना लाल क्यूँ है,
बादल तो नशा नहीं करते।

रोशनी जुदा होने वाली है तो क्या,
फलक तो ऐसा नहीं करते।

ख़ुदा का निज़ाम हो जब तुम्हारी तरफ,
इरादा-ए-ख़ुदा से रुठा नहीं करते।

1. मशक्कत = मेहनत 2. मुमकिन = संभव 3. आजाब-ए-क़बर = कब्र की यातना 4. ज़ायज़ा = समीक्षा
5. आलम-ए-बर्जख = मृत्यु और पुनर्जीवन के बीच की अवस्था

1. फलक = आकाशनिज़ाम = व्यवस्था

नवाज़ा जो सफ़ेद लहू दुनिया को बसाने के लिए,
वो लहू आज किसी नामहरम के बिस्तर पर मरा है।

मुँह दिखाना मुश्किल है हर किसी का अपने रब को,
बिसात ऐसी है सभी की जैसे सब दूध का धुला है।

क्यूँ कर रहा है इस क़दर ज़ुल्म इस किराए के शरीर पर,
छोड़ खसारा-ए-इश्क़ रिज़्क़ खड़ा है तेरी देहलीज़ पर।

हो चला है क़ीमती ज़ख़्म का मालिक तू जो लाखों का है,
लगा बाज़ी उन ज़ख़्मों की किसी मोहब्बत के असीर पर।

तन्हा खड़ा है आज तेरा हर एक सच झूठों के हुजूम में,
बड़ा शौक़ था रहने का इश्क-ए-दौर-ए-अव्वलीन पर।

हटा वादे सारे कर एतराफ की मोहब्बत गलती रही तेरी,
हम्माद हर एक साँप नाच कर दिखाएंगे तेरी बीन पर।

1. ज़ुल्म = अत्याचार 2. खसारा-ए-इश्क़ = प्रेम का नुकसान 3. रिज़्क़ = आजीविका 4. असीर = कैदी
5. हुजूम = भीड़ 6. दौर-ए-अव्वलीन = शुरुआती दौर 7. एतराफ = स्वीकार

बेवफ़ाई नेमत है

नवाज़ा जो सफ़ेद लहू दुनिया को बसाने के लिए,
वो लहू आज किसी नामहरम के बिस्तर पर मरा है।

मुँह दिखाना मुश्किल है हर किसी का अपने रब को,
बिसात ऐसी है सभी की जैसे सब दूध का धुला है।

क्यूँ कर रहा है इस क़दर ज़ुल्म इस किराए के शरीर पर,
छोड़ खसारा-ए-इश्क़ रिज़्क़ खड़ा है तेरी देहलीज़ पर।

हो चला है क़ीमती ज़ख़्म का मालिक तू जो लाखों का है,
लगा बाज़ी उन ज़ख़्मों की किसी मोहब्बत के असीर पर।

तन्हा खड़ा है आज तेरा हर एक सच झूठों के हुजूम में,
बड़ा शौक़ था रहने का इश्क-ए-दौर-ए-अव्वलीन पर।

हटा वादे सारे कर एतराफ की मोहब्बत गलती रही तेरी,
हम्माद हर एक साँप नाच कर दिखाएंगे तेरी बीन पर।

1. नामहरम = गैर-महरम / पराया पुरुष 2. बिसात = औकात / स्थिति

1. ज़ुल्म = अत्याचार 2. खसारा-ए-इश्क़ = प्रेम का नुकसान 3. रिज़्क़ = आजीविका 4. असीर = कैदी
5. हुजूम = भीड़ 6. दौर-ए-अव्वलीन = शुरुआती दौर 7. एतराफ = स्वीकार

हर बातों की सनद को, मै सीर्फ ज़ुबान जानता हूँ,
साज़िश में लगे है जो, मै सब का अरमान जानता हूँ।

पहले ख़बर रखता हूँ साथ मैं अपने, तमाम सच की,
बोलवा कर झूठ उनसे नस्ब-ए-ख़ानदान जानता हूँ।

हर ज़ख़्म को दरगुज़र करने की सलाहियत है मुझमे,
हम्माद मगर इश्क़ में शिर्क पर मै सीधे जान माँगता हूँ।

"कर के अज़ाब बहुत शदीद उसने राहों में काँटे बिछाए हैं।
ज़ुल्म किया था ज़माने के लिए, उसके बेटे उसपे चल के आए हैं।"

1. सनद = प्रमाण 2. तमाम = सम्पूर्ण 3. नस्ब-ए-ख़ानदान = वंशावली 4. दरगुज़र = माफ़ करना
5. सलाहियत = क्षमता

1. अज़ाब = पीड़ा 2. शदीद = कठोर

बेवफ़ाई नेमत है

दयार-ए-इश्क़ में हर क़दम पर फ़ासले बनाते हैं,
तुम दिल ही नहीं हो मेरा, हम तो रूह तुम्हें बताते हैं।

साँसों में हिचकियाँ शामिल होती हैं, थम जाते हम,
हमको सिर्फ़ याद नहीं, हमें यादों के दौरे आते हैं।

आसान है, वो ज़िंदगी की हद जहाँ सिर्फ़ मरना होता है,
ख़लवत में उन तमाम हदों से हम गुज़र जाते हैं।

फिरते हैं हर सिम्त निहायत शान-ओ-शौकत से हम्माद,
वो सामने होते हैं तो बच्चों सा उससे लिपट जाते हैं।

1. दयार-ए-इश्क़ = प्रेम की दुनिया 2. फ़ासले = दूरी 3. ख़लवत = एकांत
4. सिम्त = दिशा 5. शान-ओ-शौकत = ठाट-बाट

नहीं कोई मेरे कभी इतना क़रीब था,
दिल-ए-ग़म मुझे जितना अज़ीज़ था।

धुआँ निकलता रहा मेरी हर साँसों से,
हर कश मुझपर निहायत शफ़ीक़ था।

मुलाक़ात की आरज़ू नहीं न इंतज़ार,
हिज्र था महँगा बहुत, मगर ग़रीब था।

एक शख़्स की ख़ुशबू ने बेज़ार किया,
मुग़ालते में महक थी और वो रक़ीब था।

1. दिल-ए-ग़म = दुखी दिल 2. अज़ीज़ = प्रिय 3. निहायत = अत्यंत 4. शफ़ीक़ = मेहरबान
5. आरज़ू = इच्छा 6. बेज़ार = परेशान 7. मुग़ालता = भ्रम 8. रक़ीब = प्रतिद्वंद्वी

ख़ुद से मुक़दमा

गुनाह[1] ये मेरी जात[2] का था, और यकीन हादसा[3] रहा उम्मीद का,
रुसवा[4] हुआ हर बार मगर कभी दामन[5] नहीं छोड़ा उम्मीद का।

किसी को गिला[6] किसी से और यहाँ किसी का दुश्मन है कोई,
यकीन खुद बना दुश्मन मेरा, और दुश्मन हूँ मैं सिर्फ उम्मीद का।

हर तरफ देखा है मैंने बर्बादी, तबाही, कामयाबी, सब कुछ,
जब भी देखा खुद को तो पाया हमेशा मुन्तज़िर[7] उम्मीद का।

बातें बनाना और खुद को बहलाने का सलीका भी आ गया,
हार के आता है कोई हम्माद, असिर[8] बना देता हूँ उसे उम्मीद का।

भीड़ थी ग़मों की मौजूद, हमने ख़सारे[1] उठा लिए,
तरीके हैं समझाने के बहुत, हमने बहाने बना लिए।

उलझ रहा था वो ख़ुदपरस्ती[2] में हक़ीक़त[3] जाने बिन,
उठा कर बचे सारे इल्ज़ाम[4] हमने ख़ुद पर लगा लिए।

नहीं होगा गुमान[5] तक, कैसे ख़ुद को बर्दाश्त किया मैंने,
उसको समझने के चक्कर में अपने घर जला लिए।

1. गुनाह = पाप 2. जात = स्वभाव 3. हादसा = दुर्घटना 4. रुसवा = बदनाम
5. दामन = आंचल / साथ 6. गिला = शिकायत 7. मुन्तज़िर = प्रतीक्षा करता हुआ 8. असिर = क़ैदी

1. ख़सारे = नुक़सान 2. ख़ुदपरस्ती = आत्ममोह 3. हक़ीक़त = सच्चाई
4. इल्ज़ाम = आरोप 5. गुमान = भ्रम / घमंड

ख़ुद से मुक़दमा

देखी है दुश्मनी मैंने शदीद हर मरतबे की, मगर मेरी दुश्मन मेरी उम्मीद है,
क़तरा करता हादसा सब्र बन गया, मगर अब भी चुप्पी साधी मेरी उम्मीद है।

हरग़िज़ गिला नहीं मुझे मेरा दिल दुखाने वाले तमाम अपनों के काफिलों से,
क्या करूँ हमेशा क़त्ल हुआ जिस ख़ंजर से मैं हम्माद, वो ख़ंजर मेरी उम्मीद है।

जूते की ख़ाक बाप की, सिर का ताज़ बना कर घूमता हूँ,
जिस लठ से खाया मार, उस लठ को मैं आज भी चूमता हूँ।

वो आज़माइश क्यों शदिद मेरी जान लेने पर आमादा रही,
ग़ैर तो गैर थे, जब मैं बाप से खुद की बददुआएँ सुनता हूँ।

है गुनाह मेरा बस कि इज़्ज़त-ए-नफ़्स को महफ़ूज़ किया,
उस मिट्टी में तोड़ा गया, जहाँ से मैं दरख़्त बनकर उगता हूँ।

1. शदीद = बहुत तीव्र 2. मरतबा = स्तर 3. क़तरा = बूँद 4. सब्र = धैर्य 5. हरग़िज़ = कभी नहीं 6. काफ़िले = समूह 7. क़त्ल = हत्या 8. ख़ंजर = छुरा

1. आज़माइश = परीक्षा 2. शदिद = तीव्र 3. आमादा = तैयार 4. इज़्ज़त-ए-नफ़्स = आत्मसम्मान 5. महफ़ूज़ = सुरक्षित

निकाल पता अपनी सारी अज़ीयतें, अगर कोई ख़ामोशी से तेरी सुन ही लेता,
और बंदिशें-ए-ज़माना तुझको रोने की कगार पर छोड़कर, रोने भी नहीं देता।

मैं हूँ आज तेरे सामने, छोड़ फ़िक्र-ए-ज़माना कह ले जो घुट रहा है तू अपने अंदर,
एतराज़-ए-फिक्र न होती तो मैं बनारसी हूँ, तुझे अपनी गाली से खुश कर देता।

मशहूर वाक़ई था वो अपने मिज़ाज से,
बात हाज़िर करता था बेहद आराम से।

उसके सारे अल्फ़ाज़ बहुत तराशे हुए थे,
सवाल था मुझ में, वो है किस शाख़ से।

उसको सुलझाने की उलझनों में मैं था ही,
एक हादसा बरपा हुआ अचानक उसकी जात से।

मेरे हर सवाल का जवाब एक साथ मिल गया,
वो जो ना आने वाले हैं ना, सुना उसकी ज़ुबान से।

1. अज़ीयतें = पीड़ाएँ 2. बंदिशें-ए-ज़माना = समाज की रोक 3. कगार = किनारा
4. फ़िक्र-ए-ज़माना = दुनिया की चिंता 5. एतराज़ = आपत्ति

1. मिज़ाज = स्वभाव 2. अल्फ़ाज़ = शब्द 3. बरपा = घटित 4. जात = स्वभाव

ख़ुद से मुक़दमा

बेशक बाद में कहते रहना कि सब्र करिए,
जनाब एक बार आप मेरे रास्तों पर चलिए।

सिराज़ा बिखर न गया तो मैं ग़ुलाम आपका,
आइए बस एक बार मेरे कमरे में चलिए।म

ैं खुद को धो रहा हूँ कैसे ये जानना है,
चलिए अपनी लाश अपने कंधों पर रखिए।

ज़िन्दगी मेरा मोज़्ज़ा है खुले अर्श के नीचे,
हाथ सिर से हटाकर मेरे सीने पर रखिए।

सदाएँ माइक से पहुँच रही आप तक पुरानी हैं,
क़िताल-ए-हम्माद को एक बार पढ़कर देखिए।

1. सब्र = धैर्य 2. सिराज़ा = क्रम / संतुलन 3. अर्श = आकाश 4. क़िताल = संघर्ष

ये सन्नाटा ज़िंदगी में आता ही जाएगा,
ये वक़्त है वक़्त, हाथ से जाता ही जाएगा।

हो सके अगर झुक मिला करो बुज़ुर्गों से,
तेरे सामने पड़ी नेमत जल्द उठा लिया जाएगा।

मालोगे हाथ और तड़पोगे साये के लिए,
एक लम्हा दोबारा बुज़ुर्गों का नहीं मिल जाएगा।

पुराने को तवज्जो न दी तुमने तो फिर याद रहे,
अब से वही वक़्त तुम्हारा भी आएगा।

1. नेमत = कृपा 2. लम्हा = क्षण 3. तवज्जो = ध्यान

मैं इतना छोटा हो जाऊँ कि जितनी छोटी है दुनिया,
ख़त्म है मेरा सब कुछ, बची है बस यही दुनिया।

निकला जो इस दुनिया से बाहर, तो होश गए मेरे,
ये बिल्कुल नहीं है वैसी जैसी दिख रही है दुनिया।

कैकशाओं की गोद में मैंने देखी है कई दुनिया,
ग़फ़लत में ढूँढा नहीं मिल पाई मेरी दुनिया।

चुप बैठ गया उस वक़्त जब जान गया मैं सब,
अपनी नहीं मालिक, तब कैसे मेरी मालिक बनी दुनिया।

1. कैकशाएँ = आकाशगंगाएँ 2. ग़फ़लत = लापरवाही

कर रहा पानी ख़ुद पर गुरूर बहुत,
गहराइयाँ वाक़िफ़ हैं मेरी प्यास के अंदाज़ से।

आज ऊँचे निशानों के पैरोक़ार बने फिर रहे हैं,
जिन्हें गिराया था मैंने उनकी औक़ात से।

तमाम बनावटी इज़्ज़त का लिबादा बदल रहे हैं लोग,
जो आए हैं ख़ुद कलंक के बाज़ार से।

बुलंद आवाज़ का झाँसा देकर फ़रेब तस्लीम कर रहे हैं वो,
आँख मलते थे वो हमारी करामात से।

दौलत में किरदार तब मिलता है जब नस्ल असल हो,
मूसा ने फेंका था फिरऔन को उसी के दरबार से।

राज़ खोलना ख़ानदानी मर्द की विरासत नहीं,
वरना उखाड़ फेंकता मैं इनको इनकी ही जमात से।

"मेरे माज़ी से तुम्हें क्या फ़र्क़ पड़ता है, क्यों जरूरी है जानना।
हम्माद उठ गया कह कर, अहल-ए-ईमान पर मुर्दार हराम है।"

1. गुरूर = घमंड 2. वाक़िफ़ = परिचित 3. पैरोक़ार = समर्थक 4. लिबादा = आवरण 5. फ़रेब = धोखा 6. तस्लीम = स्वीकार 7. करामात = चमत्कार 8. नस्ल = वंश 9. जमात = समूह

1. माज़ी = अतीत 2. अहल-ए-ईमान = ईमान वाले लोग 3. मुर्दार = मृत / अपवित्र 4. हराम = निषिद्ध

वो बातें जो अब कहनी हैं

इज़हार-ए-तशक्कुर

आज जब मेरी ज़िंदगी की पहली किताब मुकम्मल होकर आपके हाथों तक पहुँची है, तो दिल सजदे में है और अल्फ़ाज़ शुक्र में। यह किताब सिर्फ़ सफ़हात का मजमूआ नहीं, बल्कि एक ख़्वाब, एक यक़ीन और एक सफ़र की गवाही है, एक ऐसा सफ़र जिसने मुझे भी लिखा है। यह मेरी पहली किताब है, इसलिए अगर आपको इसमें कहीं छोटी-मोटी गलतियाँ नज़र आएँ, तो मेहरबानी करके उन्हें नज़रअंदाज़ कर दीजिएगा।

मैं, हम्माद मोहम्मद अख़्तर, इस मुकाम पर खड़ा होकर अपने दादा मरहूम "जनाब हसीन उद्दीन अख़्तर साहब" को ख़िराज-ए-अक़ीदत पेश करता हूँ। वह मेरे लिए सिर्फ़ एक बुज़ुर्ग नहीं, बल्कि इल्म और किरदार की रौशन मिसाल थे।

उनकी एक बात मेरी रूह में हमेशा के लिए दर्ज हो गई:

"सिर्फ तालीम इंसान को जानवर और दूसरी मख़लूक से अलग कर के अशरफ़-उल-मख़लूकात बनाती है।"

अगर मेरे कलम में कोई सच्चाई है, कोई रोशनी है, तो वह उसी तालीम का असर है।

इज़हार-ए-तशक्कुर

मैं अपने वालिद-ए-मोहतरम अलीमुद्दीन अख़्तर साहब और वालिदा-ए-मोहतरमा रशीदा ख़ानम साहिबा का तहे-दिल से शुक्रगुज़ार हूँ। उन्होंने मुझे सिर्फ़ सहारा नहीं दिया, बल्कि यक़ीन दिया। गिरने दिया, मगर टूटने नहीं दिया। अगर उनकी दुआओं का साया न होता, तो यह किताब शायद मेरी तन्हाई में ही दफ़न रह जाती।

ख़ास शुक्रिया मोहतरमा हरमन प्रीत कौर जी का — जिनकी मोटिवेशन, उनके लगातार याद दिलाने और उनके भरोसे ने मेरे एक ख़ामोश इरादे को किताब की शक्ल दी। कभी-कभी इंसान अपने आप से पहले हार जाता है — उन्होंने मुझे हारने नहीं दिया।

और मेरा दिली शुक्रिया मेरे दोस्त शाक़िब बेग का — जिसने मेरे अंदर के इस हुनर को पहचाना, मुझे पहली बार शायरी लिखने को कहा।

आज यह किताब मुकम्मल हुई है — मगर मैं नहीं। यह इब्तिदा है, इंतिहा नहीं। अगर इन सफ़हों में आपको अपना अक्स नज़र आए, अगर किसी मिसरे में आपकी तन्हाई बोल उठे, अगर किसी सवाल में आपका जवाब मिल जाए तो समझिए, मेरी मेहनत वसूल हुई। दुआ कीजिए, अगली बार जब क़लम उठे तो पहले से ज़्यादा सच्चा हो।

ख़ुलूस, मोहब्बत और एहतराम के साथ,
हम्माद मोहम्मद अख़्तर

www.ingramcontent.com/pod-product-compliance
Lightning Source LLC
LaVergne TN
LVHW100331210926
848480LV00003B/1301
* 9 7 9 8 9 0 3 6 2 4 0 8 9 *